人本AI的東方觀點

陸敬忠——主編

臺灣科學特殊人才提升計畫
Taiwan Top Science Student Project

本書為教育部「臺灣科學特殊人才提升計畫」（TTSS）成果一部分

目錄

序言

美麗的新世界

國立中央大學天文研究所教授
葉永烜

在一九六四年有一部叫做《奇愛博士》的好萊塢的黑色幽默喜劇片。英文全文是"Dr. Strangelove or: How I Learned to Stop Worrying and Love the Bomb"。內容是描述當年美蘇冷戰的核武競爭，因為機器的決定而觸發要全球人類毀滅的核彈交換。片終時奇愛博士嘗試解釋機器是絕對不會錯，所以它的決定都是合理的。在六十年前看這部電影的觀眾很少會知道，他們剛剛才僥倖逃過一九六三年的古巴危機，反而會覺得是一個十足搞笑的故事，人類怎可能會讓機器決定自己的存亡！而且也沒有機器能有這個能耐。六十年轉眼過去，類似古巴危機的世界局勢越來越趨近我們。人工智慧的快速發展使它們主導軍事的戰爭遊戲，用以分析非常複雜和瞬息萬變的情勢。結果是敵對雙方都用人工智慧來尋求最佳戰術和戰略。但無論是何種方案，誰勝誰敗，核武交換的結局都在幾十分鐘內便有逾億人的傷亡（Plan A: https://www.youtube.com/watch?v=2jy3JU-ORpo&t=3s），更不用說跟著來的核子寒冬，讓世界文明返回石器時代！如果《奇愛博士》一片可以重拍，大可改名為“How I Learned to Stop Worrying and Love the Artificial Intelligence”。

美國前國務卿亨利・季辛吉（Henry Kissinger, 1923-2023）、Google前執行長及董事長艾力克・施密特（1955-）及麻省理工學院蘇世民計算學院首任院長丹尼爾・哈騰洛赫（1959-）合作寫了一本名為《AI世代與我們的未來》的書。他們在書中也用了很多篇幅討論人工智慧、核武控制以及世界秩序與安全的問題。當所有重要決策都交由機器決定，到底人類如何確保倫理和道德的底線？這些作者結論是，最深層的挑戰其實是哲學問題。他們又指出雖然研究人工智慧的人多如牛毛，但思考人工智慧對人類社會、法律、哲學之道、精神與道德有何影響的，卻是少之又少。所以這本書有兩個主要目的：第一是利用這八篇擲地有聲的文章彌補這方面的空白，希望更多有識之士能夠注意到人工智慧必須要有倫理及人本精神的規範。第二是反問這到底是誰的哲學？是「沒有永久的朋友或敵人，只有永久的利益」的哲學？還是「何必曰利，亦有仁義」的哲學？作為負有社會責任的知識份子，我們在這些問題必須有所回應和有一定的立場，才能夠辨明是非，尋到方向。

以上這段引子是在說明這本書的背景和起源。我們覺得在這個關鍵時刻，東方的哲學家和思想家必須站出來接受這個挑戰，與西方學者並肩合作，尋找一個可讓人類智慧和人工智慧和諧共處的可行之道。

大儒余英時（1930-2021）沿著德國存在哲學大師卡爾．雅斯培（1883-1969）之說推敲中國古代思想起源。在其《論天人之際》一書中，描述四大古老文化（中國、印度、希伯來、希臘）在約略紀元前一千年都差不多同時經歷了「哲學突破」和「軸心突破」（或稱「軸心時代」），開始思索人之何以為人。今天我們在等待著人工智慧到達奇點成為超人，在「機人之際」的另一個軸心時代，又再思量人之何以為人的問題。我們便用《詩經．大雅》所說的「周雖舊邦，其命維新」鼓勵彼此，勇敢的迎向已到臨的美麗新世界！

二〇二四年三月十六日

國立中央大學天文研究所

導論

AI新世紀？從人的形象到體系性對話

國立中央大學哲學研究所特聘教授

AI時代已經來臨！但是這將是怎樣的新世紀與新世界？「AI會如何毀滅人類？」（How Could A.I. Destroy Humanity?）這麼危言聳聽的標題，乃是世界著名的美國主流媒體《紐約時報》（*The New York Times*）上凱德．梅茲（Cade Metz）的一篇報導，其內容是一封由三百五十多名AI界知名人士簽署的公開信，其副標題則是：「研究人員及產業領袖警告，AI可能對人類的生存構成威脅，但他們對細節卻語焉不詳」❶。英國廣播公司（BBC）中文網站亦報導類似的主題：「AI三階

段：科學家為何聯手限制可能導致人類滅絕的AI技術？」❷

另一非常關鍵的公共警示來自包含已過世物理學家史蒂芬・霍金（Stephen Hawking）及著名企業家伊隆・馬斯克（Elon Musk）等顧問的未來生命研究所（Future of Life Institute）的呼籲：「暫停巨型AI實驗：一封公開信」（二〇二三年三月二十二日）❸。而世界著名的、具有國際影響力的美國歷史學家及政治家亨利・季辛吉（Henry Kissinger）早已於二〇一八年的《大西洋月刊》（*Atlantic*，二〇一八年六月號）上發表文章〈啟蒙運動如何終結〉提出警告：「從哲學上、智識上——從各方面來說——人類社會均對AI的崛起毫無準備。」❹那只是AlphaZero在七年前令人難以置信的發展所帶來可想而見的可怕結果，讓於去年五月過世的季辛吉在六年前進行如此反思。遑論AI深層學習教父辛頓（Geoffrey Hinton）於二〇二三年五月極具道德勇氣地辭去其Google職務，而開始在世界各地宣講AI及GAI之到來對世界人類之危險！❺事實上自從ChatGPT於二〇二二年問世並於二〇二三年成為有史以來成長最迅速的消費軟體，我們再也無法否認：ＡＩ時代已經來臨。關於ＡＩ之主流意見，既有積極的，亦有消極的；既有樂觀者，也有悲觀者。但是，所有這些專家及輿論領袖對ＡＩ的正反兩方面評估及評價均亦表明，決定ＡＩ的創造及應用者仍然是人類，我們仍應為ＡＩ負責！

目前西方本身對於其自身所發展出的科技之悲觀與批判底聲音實有其宗教文化脈絡。在資訊科學與ＡＩ之科技發明與發展之前，機械式工業基本上是模仿乃至改造自然之物，但是ＡＩ是人類有史以來最接近與最能模仿人類之本質，亦即智力之科技！若以猶太—基督宗教之聖經第一卷書（希伯來聖經之בְּרֵאשִׁית或基督宗教聖經之創世記〔Genesis〕）第一章與第三章之創世敘事與墮落敘事所形成的弔詭與之對比，即可顯示西方人之深層憂慮：在第一章中上帝按其形象造人，但在第三章中人想向上帝一樣分別善惡，亦即企圖使自己成為神反而墮落！這創世弔詭敘事是否也暗示乃至預示著：若人按其形象造ＡＩ，則ＡＩ是否會在試圖成為人的過程中也墮落呢？這個類比有一不對稱之處：在聖經中人並未成為神而是不斷墮落，首先是該隱弒兄導致人類同類相殘，然後是人類集體破壞自然導致大洪水，接著人類製造巴別塔想統一世界取代上帝，上帝則使人類語言歧異而文化延異等，直到上帝呼召亞伯拉罕開創出祝福與應許的救贖人類墮落之道。但是ＡＩ之發展已經不是墮落與救贖問題，而是其是否會超越人類乃至取代人類！這竟然是不論極度悲觀者如上述諸新聞所報導者，或者高度樂觀者如猶太裔著名通識歷史作者哈拉利（Yuval Noah Harari）之共識，在其暢銷書《人類大命運：從智人到神人》（作者該書英文譯名更貼切其意：*Homo Deus: A Brief History of Tomorrow*），哈拉利預測或設想：人所造的機械演算法將成為超越乃至取代人類意識、意志與知識之超人或即神人！

　　我個人之意識到ＡＩ之問題，實源自於二〇一七年十一月二十三日時參加我中學同學、時任微軟亞洲研究院院長洪小文於由天下雜誌及臺灣微軟所舉辦的「ＡＩ+ＨＩ：未來世界會是什麼樣貌？」，作為微軟的資深副總裁，他主張ＡＩ可

（應）與人類智能乃至智慧合作，可避免ＡＩ之風險。我卻由該演講首次且立即意識到，ＡＩ之發展將會形成下一波的產業革命，並具導致經濟、社會、政治、環境等以及相應的倫理乃至人類存在基本問題！直到中央大學葉永烜院士揭櫫我們中大文學院、尤其是哲學研究所應對ＡＩ進行省思，而恰巧當時我時任哲研所所長，得以與葉永烜院士一拍即合並承蒙其大力推動，又有幸得當時資訊工程學系講座教授暨高等教育深耕計畫辦公室執行長、本身又正好是ＡＩ專家的楊鎮華教授之熱心參與及慷慨支持，我們三人從一〇九學年亦即二〇二〇年下半年開始於中大合作開創【人文與ＡＩ對話論壇】之系列。從該年九月份起，由本所現任榮譽教授楊祖漢教授以〈ＡＩ與人文——ＡＩ時代的來臨與人之所以為人的反思〉為主題開場，接著中大ＡＩ專家蘇木春教授之〈當ＡＩ懂得琴棋書畫和經世濟民，那我們該如何自處？〉，加拿大Brock University哲學系榮譽教授陳榮灼教授之〈ＡＩ與人類思維：對立／合作？〉，楊鎮華教授之〈以人為本——Human-Centered AI〉，然後於二〇二一年三月起，中央研究院環境變遷研究中心主任陳于高特聘研究員之〈未來數位時代的永續科學〉，時任成功大學副校長林從一教授之〈從人類與AI的主奴辯證到X．A．I．〉，臺灣大學哲學系苑舉正教授之〈人工智慧與自然智慧的博弈〉等。

接著因為新冠肺炎疫情嚴峻無法公開實體聚會，我們在二〇二二年六月十八日舉辦一場【人本AI論壇——東方觀點】之線上圓桌會議，當時有已任華梵大學林從一校長之〈法非法中的AI〉，苑舉正教授之〈再論人工智慧〉，臺北醫學大學醫療暨生物科技法律研究所李崇僖教授之〈人工智慧革命與法制典範轉型〉，楊祖漢教授之〈AI時代的來臨與人之所以為人的反思〉，鴻海研究院人工智慧研究所栗永徽所長之〈AI也有可能被駭？反思可信任AI之重要性〉，中央大學資工系蘇木春教授之〈我們該如何面對人工智慧的衝擊？〉，清華大學人文社會AI應用與發展研究中心副主任王道維教授之〈從《中庸》的人性觀來看人工智慧倫理學的建構〉，以及楊鎮華教授之〈以人為本的永續教育〉等主題演講，並舉行線上圓桌討論。在此【人文與

ＡＩ對話論壇】以及【人本ＡＩ論壇——東方觀點】之脈絡下，遂有此論文集之出版緣起。

我們主張唯有先透過對話，不論是科技與人文，或者東方與西方乃至南方與北方對話並尋求共識，人類才有可能面對乃至處理ＡＩ新世紀所可能導致其超越乃至取代人類之世界性危機，因此而有人文與ＡＩ對話之倡議及人本ＡＩ之東方觀點發起乃至啟發。因此，我們邀請兩界乃至跨界之學者專家，不但個別發表其關於上述問題意識下的專業性見解乃至啟發性智慧，也試圖讓兩方人馬能進行跨界乃至體系性的對話，企圖藉此激發世人此問題意識之覺醒乃至覺悟，盼望能引發更多的省思及對話，乃至創發解決問題之構思與方案。為展開人文與ＡＩ之對話研究進程，我們甚至以中大哲研所為本，於二〇二四年開創臺灣第一個「人本ＡＩ研究中心」，並已於三月十五日於文學三館中心之基地揭牌，並由哲研所黃崇修所長擔任首任中心主任。

本書很榮幸獲得【人文與ＡＩ對話論壇】及【人本ＡＩ論壇——東方觀點】其中

八位主題演講者的同意，將其演講內容收錄於本演講集錄中，除林從一校長提供完整文字稿以及王道維教授從演講稿重新撰寫外，其他均以主題或專題演講之演講為本形成文字稿，並請所有文章講者確認。本書在編排上設法採取科技界與人文界之體系性對話方式，亦即首先是科技界之主題演講，接著對應以人文界乃至跨界之主題演講。首先以蘇木春教授之〈我們該如何面對人工智慧的衝擊？〉開場，因為該演講不但首先精要地介紹AI的生成與「深度學習」之發展，使吾人了解其發展趨勢與成功之關鍵因素，接著導入AI在日常生活中如自駕及藝術領域、醫療領域乃至其極端對反領域即軍事科技中的應用，以及其已有的與可預見的問題，該演講亦指出目前AI更深層的思想問題：其黑盒子之可解釋性問題，其發展出泛化能力亦即強人工智慧（Strong AI）或通用人工智慧（AGI）問題，以及想當然爾的AI倫理議題，最後蘇教授從倫理、掌控及培育人才三方面揭示AI對人類的挑戰以及我們可能應對之道。作為一位AI傑出的學者專家與大學教授，蘇教授已顯示出其是具人文關懷的科技人。他指出ＡＩ立即及可能問題，並提出具人文素養之省思，其演講提供關於ＡＩ新時代的問題與解方之普遍性視域。

苑舉正教授之〈人工智慧與自然智慧的博弈〉，從ＡＩ乃至元宇宙在人類食衣住行日常生活之引入與滿足出發，揭發所謂快樂乃至ＡＩ與人類之量與質差別問題，思考哲學思想如何面對ＡＩ問題，諸如其倫理價值判斷議題，並揭櫫受亞里斯多德的「中庸原則」（Doctrine of Mean）作為極端支持與反對ＡＩ成功論外的第三條路，接著處理ＡＩ可能成功取代人類之三條件，亦即若任何事情之外在化、工具目的化及否定人性尊嚴，亦間接揭示人之不可取代性即人性內在性、自主（價值）性及人性尊嚴。然後苑教授凸顯哲思主張人性心靈及其尊嚴之不可被機器取代，特別是從奧古斯丁之心靈論與康德之價值理性論，提出人性之自然智慧可以超越ＡＩ僅限於感官知覺之心靈向度。苑教授對於ＡＩ可能取代與超越人類採取哲學批判地直球對決：指出ＡＩ可能成功的三條件之反面正好辯證地是人性精神特質，所以中庸之道在於發揮與教化人性心靈之內在價值、自主目的及人性尊嚴，並可從哲思傳統中獲得奧援。

相對蘇教授主題與問題意識的普遍性，栗永徽所長之〈AI也有可能被駭？反思可信任AI之重要性〉，再以其AI科技人之身分但從人文視域出發，進而處理AI的安全風險及由此所導致其可信賴性問題：在介紹AI產業上游、中游和下游發展趨勢中各關鍵角色以及其所致挑戰後，栗所長特別探討AI模型之安全性盲點與攻擊可能性等潛在風險，尤其是逃避、後門和對抗式攻擊等安全攻擊及案例，更重要的是引介國際性規範以及鴻海研究院面對上述AI安全攻擊問題之應對策略。亦即AI模型的強健性（robustness）、安全性（security）、透明性（transparency）和可追溯性（accountability）等國際標準，以及鴻海提出：保密性（Confidentiality）、隱私性（Privacy）和強健性（Robustness），或簡稱為AI security的PCR之核心原則，再加上公平性（Fairness）及可解釋性（Explainability），期望能邁向乃至達到可信賴的AI。如是，AI之安全風險問題反而可導引出可信賴的AI之構想，使其更符合人性及社會要求。

相對於苑教授比較從人性普遍性及精神性向度出發思想人類如何面對ＡＩ新世界，李崇僖教授之〈人工智慧革命與法制典範轉型〉則從科技法律史之脈絡切入當代科技及ＡＩ之問題面向。李教授先揭示人類四次產業革命亦即工業革命、電力革命、資訊革命及智能革命中，第四次包含ＡＩ等新科技應用於工業所致問題，並主張技術轉型導致經濟及社會變遷乃至法律轉型之物質史觀。李教授也特別迴向指出文化乃至宗教對科技發展之影響，例如ＡＩ及機器人在西方引發基督宗教文明之不安，卻在東方如日本基於萬物有靈論而普遍被接受之宗教文化脈絡。該演講尤其以歷次產業革命中法律之轉型為主軸，而面對ＡＩ新世紀，法律需處理科技創新、科技普及及科技所導致社會轉型三層面，其一涉及專利保護問題，其二涉及新風險之法律責任問題，其三更是涉及新科技普及導致社會階級變化之人權問題，可總括為價值體系、責任體系及權利體系三面向。就ＡＩ產業革命而言，遂有數據之法律保護問題、ＡＩ的技術風險之責任問題，以及AI所導致經濟社會問題，在此李教授揭示機器人稅及普遍基本所得制度之思索。

楊鎮華教授之〈以人為本的永續教育〉，再度顯現科技人可以很有人本精神與人文教化！首先楊教授將人文乃至人本AI置於更寬廣的脈絡亦即全球永續問題意識下思考，並特定於在SDGs第四項質性教育中攝納入人文向度，接著在ESG所涉及環境、社會及治理三向度切入教育體系之應用中，即其所謂教育ESG，以培育所有利益相關者之ESG精神與實踐。此則又分為教育向度之理論與實踐、社會向度中公平與包容所致可信賴AI，以及政府、企業及學校之治理向度所涉及倫理及責任。如是楊教授提出以建立公平、包容與可信的社會層面為目的之永續教育理想及導向，亦即防止演算法偏見、包容多樣性之歸屬感，及透明而可信任乃至可解釋如基於樹狀結構的AI。接著，該演講便以人本為核心省思資料整理及演算法治理，包含可當責的（Accountable）、有意識人性的以及科學責任的AI科學研究，並探討校務治理中的五個支柱：永續環境、全球教育、責任社會、韌性校園及未來學習；楊教授特別是從六個角度重新架構全球教育：全球開放的教育課程、領先世界的卓越學術研究、國際學習品質指標、國際研究品質指標、全球影響力與投資回報效益評估。整個演講不但讓人見識到科技人可以很具人性關懷及全球視野，而且深具社會責任、永續精神、教育理念及治理哲學，並且融會科技人本身具體實踐的智慧與能力。

對應於之前所有涉及ＡＩ之問題，尤其是ＡＩ是否超越乃至取代人類之基本問題，林從一校長之〈從人類與ＡＩ的主奴辯證到X．A．I．〉，首先揭示一種所謂人類與ＡＩ間的主奴辯證：在ＡＩ發展成更佳了解人類並可做出更佳決定與行動時，人似乎應將選擇權、決定權、行動權等本來標誌人性之自主權給ＡＩ，否則會產生「充分享受ＡＩ的服務」與「人類保有選擇權」之兩難弔詭，但若人類讓渡ＡＩ自主權，最終ＡＩ將超越而取代人類。林校長從ＡＩ的輸入面、輸出面以及輸出輸入兩者之間三面向提出省思。

其一就輸入面而言，ＡＩ終究只是反映人類世界乃至極大化其優缺點，故人類應在輸入端就決定ＡＩ可運用領域範圍及其價值優先次序，並透過ＡＩ輸入面揭露人類行為或價值觀隱而未現模式，反而使人更理解與認識自己之缺點並修正之，如此是人類與ＡＩ之合作的善性循環。但人類之不完美正在於其堅持自我，即選擇權及自主權，故最能服務人類之ＡＩ豈不亦需維持人類這種迷思？

其二就輸出面而言，ＡＩ之極大化功能會成為強大的迷訊生產工具，使人遠離脈絡化、整體性、融貫性、理證性訊息型態，重構人類認知框架，乃至是「綁架了思想自由」，因此欲解決「信任ＡＩ服務」與「讓渡選擇權」需走第三條路：在輸入與輸出之間，ＡＩ構成與基本運作方式設計之始，亦即Ｘ．Ａ．Ｉ．，一種結合人類認知模式即命題知識系統或即語意符號空間，以及ＡＩ認知模式即次符號數據系統或即特性向量空間之結合，而形成新型態空間：特性向量空間。在此，林校長特以使ＤＮＮ在建構次符號數據之特性向量空間時，亦同時使其學習「人類的認知模式」形成語意向量空間為例說明之。如是ＡＩ不僅可說明其如何做出決定使人可理解之，甚至可理解人之語言，而使雙方產生溝通，進而成為人類社會中的行動者（agency），方可創造人類與Ｘ.Ａ.Ｉ.的合作之倫理關係與環境，而取消人類被ＡＩ取代之危機感。

相應於林校長主張一種內建人類觀點的Ｘ.Ａ.Ｉ.，王道維教授之〈從《中庸》的人性觀來看人工智慧倫理學的建構〉，則進而構思對ＡＩ內建人類倫理之可能性。作為能從物理學跨界至人文社會ＡＩ應用領域者，首先，類似李崇僖教授關於ＡＩ之法律向度關懷，王教授從當下ＡＩ之司法應用問題出發凸顯其倫理議題性，而且主張從外部監管轉移至內建倫理，因為ＡＩ應用之危害問題乃其內部運作機率問題，這無法從外部視角進行外部監管排除之。這種從ＡＩ內部建立其行動倫理之artificial moral agents構想，與林從一校長最後主張Ｘ.Ａ.Ｉ.之為行動者交相呼應，而且進一步發展之。這尤其是當強ＡＩ、通用ＡＩ乃至超級ＡＩ，如同之前蘇教授所論及ＡＩ之「泛化能力」（generalization ability）乃至出現而跨領域時，會涉及更為嚴重與複雜的倫理問題，必須在內建倫理範疇，否則人類無法理解及推測其決策理由。王教授接著綱舉杜維明教授《《中庸》洞見》，揭櫫儒家修養人性之道，其擴展至信賴社群之建構，乃至天人合一之道與天道之宗教性，進而框架AI內建倫理架構：一，以儒學之倫理學，知識論乃至形上學等作為AI內建倫理之對話基礎；二，以「率性之謂道」類比AI的訓練與發展；三，以儒家信賴社群觀念亦即人際互動倫理價值實踐類比出AI內建倫理亦需「社群」培養；四，未來具有內建倫理的強AI可透過強化式學習模式與真實人類互動而學習倫理原則；五，綜合上述，王教授提出以元宇宙之虛擬環境使內建倫理AI與真實人類互動而形成另一種信賴社群；六，在元宇宙中人類在互動中可以教育AI理解人類之情境倫理。最後該文提出誰是虛擬世界的「君子」或「聖賢」，以及是否同理地視AI為正式的人等開放性問題，呼籲哲學領域或心理領域者投入相關研究。

最後，楊祖漢教授之〈AI時代的來臨與人之所以為人的反思〉再次提出哲學家之省思。相對於基督宗教關於人性墮落之敘事，他首先揭示人性可貴正在於人不斷向上超越、朝向無限未來的存有勇氣，使人願意冒一種超越人類之AI底存在的危險。但他也指出這種風險之危險：人之所以為人，人與物不同之分界被泯除之可能。當AI有自我意識而有價值判斷及處理倫理問題，同時人本身自由之特性及其自律之道德是否正如上述林校長所警示，讓渡給AI，因而人類不需提振自身道德意識，克服感性欲望而為義務而義務，亦即之前苑教授所揭櫫的人性尊嚴問題，進而損害人的理性及自主性。《易經．繫辭上》關於形上者與形下者之道器之分界、自由與自然因果之區分，或即苑教授指出人性與AI之差異，乃中國哲學儒、道、佛三教均致力持守者，楊教授警示AI設計者若只從後者設計AI，而使人類全面依賴AI之嚴重後果，並實際指出當下年輕世代面對AI之資訊操控的誘惑困境及其倫理挑戰：AI不但實現人性欲望所求使人不能自拔，引發原本不強的感性欲望，乃至侵入人類價值判斷之向度，甚至操控輿論等。美國與中國兩大集團主導AI發展，更使得資訊因經濟或政治目的而被控制，進而導致價值思考替代，亦如苑教授所指出人失去工作之參與乃至生命存在意義問題。楊教授更以生命存在目的論觀點，開示在整全的人性中仍須煩惱即菩提，來實現人生之意義或大自然之原初設計目的，若ＡＩ只發展人追求外在幸福，豈不造成偏頗。因此楊教授提示中國哲學中道器思想企求科技與傳統智慧間之平衡：指出不論儒、道、佛乃至西方基督教、康德等哲學均主張道器區分，進而揭示器能乘載道並且表現道之道器並用論，亦即ＡＩ之發展應用於人類價值之實現。如是一則道不能物化為器或失去尊嚴，而器可以表現乃至實現道。這道器之中介與溝通之模式或符徵，《易經》之六十四卦或可為例，為ＡＩ設計符號系統使其能通過形而下達至形而上，而不沉迷於感性滿足，使ＡＩ發展朝向貫通道器之道。

總體而言，從蘇木春教授開啟關於ＡＩ之生成發展史，其當下應用趨勢之極端對立乃至實際問題，如黑盒子之可解釋性問題及其泛化能力發展問題，以及更普遍的應用倫理及壟斷掌控問題，開示著可以從具人本關懷乃至人文精神的ＡＩ人才培育作為解決方向。苑舉正教授直指ＡＩ是否取代人類之根本存在問題之關鍵在於，其所能取代的是外在性、工具性及不具人性尊嚴的——吾人可謂物質性人性者，提示人性之真正本質亦即內在性、自主價值性及人性尊嚴三特質——吾人可謂精神性人性者，避免ＡＩ科技獨大並與ＡＩ均衡發展而走出中庸之道。這等於賦予ＡＩ人才教育中所需人本關懷及人文精神，以一種三位一體精神性人性的基本原則。栗永徽所長接著深入介紹ＡＩ模型之安全性盲點與攻擊可能性等安全風險及逃避、後門和對抗式攻擊等安全攻擊，並提出與國際性ＡＩ安全規範接軌而延展出所謂ＡＩ安全ＰＣＲ（Privacy、Confidentiality、Robustness）之核心原則，整合公平性與可解釋性而揭示可信賴的ＡＩ理念。接著，就ＡＩ科技可能或已經導致的更宏觀向度亦即經濟與社會問題，李崇僖教授在產業及科技革命影響經濟社會乃至法律轉變之史觀，以及相應的四次產業革命脈絡下揭發歷次產業革命中法律之轉型之宏大敘事線索，系統性地闡論在科技創新所涉及專利保護問題、科技普及所涉及法律責任問題以及科技所致社會轉型而涉及人權問題等三層面下，對ＡＩ產業革命所需要的數據之法律保護問題，ＡＩ技術風險之責任問題，以及ＡＩ所導致經濟社會問題，並以機器人稅及普遍基本所得制度為開放性思考方向。楊鎮華教授將省思視域擴大到全球永續問題脈絡下思考人本ＡＩ，尤其在ＳＤＧｓ質性教育中攝納人文向度，並以ＥＳＧ所涉及環境、社會及治理三向度切入教育體系之應用，提出教育ＥＳＧ，亦即教育向度之理論與實踐、社會向度中公平與包容的信賴ＡＩ以及治理向度所涉及倫理及責任，以建立公平、包容與可信的社會層面為目的之永續教育導向，以人本為核心省思可當責的、有意識人性的以及科學責任的ＡＩ科學研究，並探討校務治理中的五個支柱，整體而言體系性地融會人本、永續及教育治理。林從一校長則回溯到人類與ＡＩ之基本關係問題脈絡，揭發其主奴辯證關係，亦即人類自主權與ＡＩ充分服務間之弔詭，可因人交出選擇權而變成被超越與取代關係的真正危機，並從ＡＩ的輸入面、輸出面尤其是輸出輸入兩者之間關係提出反思與第三條路：一種人類認知模式即命題知識系統或即語意符號空間，以及ＡＩ認知模式即次符號數據系統或即特性向量空間之結合，而形成新型態空間底可解釋的ＡＩ或Ｘ·Ａ·Ｉ·。這種吾人可進而稱為可被人類理解與可理解人類的ＡＩ或Ｈ·Ａ·Ｉ·（Hermeneutical AI），甚至可成為具溝通能力的行動者。這便涉及這種可說是內建人類觀點或具行動者意義的ＡＩ，是否可進而發展成內建倫理ＡＩ，或成為人工道德行為者，而這正是王道維教授之主張：在前述所有演講與論文均多少涉及當代ＡＩ之基本倫理問題，他則以ＡＩ之倫理向度為主題，並直接展開從外部監管至內建倫理之典範轉移，且在此刻正式引入東方觀點，以杜維明教授《《中庸》洞見》所呈顯人性修養、信賴社群及天人合一形上學乃至宗教向度架構ＡＩ內建倫理：一種在ＡＩ加強學習訓練中內建儒家人性修養倫理，並在元宇宙中與人形成人際互動倫理之另類（虛擬實境）信賴社群教化ＡＩ理解人類之情境倫理。最後，楊祖漢教授在更宏大的東方漢語哲學觀點，亦即儒、道、佛三教核心義理，乃至更寬廣地與西方基督教及哲學對話與對化的視野下，要避免人類全面依賴ＡＩ乃至其如苑舉正教授所揭示、林從一校長所展開的嚴重後果——AI超越人，或即人被人的形象所取代——開示道器區分與道器並重之辯證關係或詮釋學循環：道為器所乘載乃至表達，器因（為）道而有意義與價值：AI發展應朝向於人類價值之實現。楊祖漢教授更原創性地以《易經》六十四卦之為道器間中介為典範，提示AI亦可為形上（或吾人所謂精神向度）與形下（或吾人可謂物質向度間）的貫通之道，如是更加開展王道維教授關於《中庸》儒學之應用於AI倫理意猶未盡之境。

AI新時代方興未艾，但這次產業革命可謂最具爭議性者，因為從未有一工業或科技革命像這次這樣在一開始就引起相關科學界、科技（應用）界以及產業界發自內部的諸多反思、批判乃至末世警告，如本導論一開始所例舉！如果連像霍金、辛頓或馬斯克這類學術界、應用界與產業界頂尖人士，甚至是（生成）AI科技的教父級人士都放棄該職業而開始如先知般在世界宣講AI不可逆轉之全球性危險，則相關省思與具體解決方案實在不止是科界與人文界、更是全人類該共同對話與形成共識之大業！

本書即使是在全球視野下也應是關於人文與AI對話以及人本AI之東方觀點的第一場論壇成果呈現！在此，來自臺灣哲學界的三位大師如科學哲學與西方歐陸哲學的苑舉正教授、英美哲學及跨域哲學的林從一校長，以及東方及中國哲學與新儒家哲學的楊祖漢教授，來自AI學術界、教育界與產業界的菁英如楊鎮華教授、蘇木春教授及栗永徽所長，以及具跨界色彩的代表人物如李崇僖教授與王道維教授，不但分別就各自領域、專長及關懷抒發己見，更提出在AI相關各種向度中諸多問題與解決方案，使得這場體系性對話完全超越一般類似所謂對話場合的各說各話或各自表達立場而已，而是真誠地試圖進行對話，形成共識：我們沒有人只是樂觀地看待AI新時代，即使是AI之專家學者均意識到AI之危險乃至可能引發的危機，包含技術層次如安全問題、應用倫理層次問題、壟斷掌控問題、法律層次問題、經濟社會層次、教育層次與治理層次等問題；哲學家則提出比較基本或深層之反思性、存在性乃至形上學問題，亦即ＡＩ超越乃至取代人類之問題等。在解決方案方面，從關於ＡＩ科技向度本身所謂可解釋ＡＩ到可信賴ＡＩ；倫理向度從外部監管至內建倫理之典範轉移，從科技倫理、行動者倫理、責任倫理、人本倫理、教育倫理、治理倫理、社會或社群倫理乃至永續倫理；從人性論、存在論乃至形上學向度，揭櫫人性之不可取代特質與中庸之道，人性存在之超越性動力與關係性本質，以及道與器、形而上與形而下、精神與物質之互動辯證關係等。

本書不但希望能如實地呈現這一場關於人本ＡＩ之東方觀點在臺灣發生的、豐盛而精彩的心靈宴饗與精神對話，也盼望能在漢語文化及華文世界中揭開各種相關對話，乃至形成人類面對與生活在ＡＩ新世紀與新世界之環球共識的序幕！

❶可參見：https://www.nytimes.com/2023/06/10/technology/ai-humanity.html?_ga=2.110950469.1794970956.1688404740-361748135.1688404740, April 25 2024。

❷可參見：https://www.bbc.com/zhongwen/trad/science-65752703, April 25 2024。

❸可參見：https://futureoflife.org/open-letter/pause-giant-ai-experiments/, April 25 2024。

❹可參見：https://www.theatlantic.com/magazine/archive/2018/06/henry-kissinger-ai-could-mean-the-end-of-human-history/559124/, April 25 2024。

❺可參見：Geoffrey Hinton - Wikipedia, April 25 2024。

我們該如何面對人工智慧的衝擊？

蘇木春
國立中央大學資訊工程學系

國立陽明交通大學電子工程系學士以及美國馬里蘭大學（University of Maryland, College Park）電機博士。曾榮獲多項學術獎項和榮譽，如：IEEE Franklin V. Taylor Award、Top Researcher Award for “International Research Awards on Statistical Methods for Analyzing Engineering Data”、國際工程與技術學會會士（IET Fellow）等，撰寫了一百多篇期刊和會議論文。現任國立中央大學資訊電機學院資訊工程學系教授以及資訊電機學院院長。研究興趣為人工智慧、機器學習、群體智慧、人機介面與互動、醫療資訊處理、復健科技、擴增實境等。

在醫療領域，人工智慧被視為提供準確診斷和治療建議的重要工具，然而，其可解釋性和準確性之間的平衡仍是一個亟待解決的問題。在軍事科技方面，人工智慧被廣泛應用於無人機、指揮控制系統等平台，提升了作戰效能和戰場指揮的能力。然而，人工智慧武器的發展也帶來了一系列新挑戰，包括戰爭無人化、易於製造和獲取等問題，引發了國際社會的關注和討論。

從人工智慧的起源到「深度學習」的崛起

我將根據四個面向與大家分享。首先，談論的是人工智慧（Artificial Intelligence，簡稱ＡＩ）的發展趨勢。在二十世紀五〇年代，科學界就希望能夠研發出一部具有學習和決策分析能力的智慧機器。為了實現這樣的夢想，人們必須先了解智慧能力的根源，以便模仿並設計出智慧機器。而這個智慧能力的根源就位於我們的中樞神經系統——大腦。

對於研究者來說，研究大腦的途徑有兩種。第一種方式是生物神經學家所採用的，他們採取由下而上的方式去研究單一生物神經細胞如何面對刺激，然後產生出何種訊號傳輸。研究者們根據這種理解，嘗試使用數學方式建模，從而推動類神經網路的發展。另一種研究方式則是由上而下的方法，這是心理學家或認知學家所採用的方式，他們根據認知和行為反應來理解大腦，進一步理解人類如何利用邏輯推理來解決問題。經歷了多次的起伏變化，我們終於達到了今天所謂的人工智慧。早在五○年代，人們其實就已有開發人工智慧的想法，在八○年代，人工智慧研究再次掀起高潮，因為倒傳遞演算法的出現。在八○年代和九○年代，各種不同的應用場景都廣泛地使用類神經網路來解決問題，雖然成果不是特別突出，但效果還算不錯。然而，當時受計算資源和特徵選取方法的限制，大家那時都普遍使用淺層的類神經網路來解決問題。八○年代時出現了各種不同的機器學習演算法、類神經網路、支持向量機（SVM）、決策樹（decision tree）等。二○一二年，「深度學習」（deep learning）模型的問世一舉將人工智慧推向了另一個高峰。

對社會大眾來說，他們第一次聽到人工智慧可能是DeepMind開發的AlphaGo。在二○一六年，AlphaGo擊敗了當時世界排名第三的韓國棋手李世乭，將人工智慧研究推向新的高峰。與此同時，人工智慧成為了一門重要學科。因此，各國將人工智慧視為經濟發展和科技推動的重點政策，許多世界知名企業紛紛投入這方面的研發與應用。

例如，在影像、語音、機器人、智慧醫療、智慧電商、智慧城市、智慧工廠和智慧農業等領域，都可以看到人工智慧發揮的各種作用。從二〇一六年開始，許多不同的趨勢分析公司對人工智慧未來的發展進行了分析及預測。根據二〇一七年IDC的預測，到二〇二〇年人工智慧市場規模將達到四六〇億美元，主要體現在推薦系統和治療診斷等方面。

二〇一七年普華永道（PwC）的研究報告預測到二〇三〇年，人工智慧將協助提高全球GDP達十五．七兆美元，主要集中在中國、北美和歐洲。而二〇一八年顧能公司（Gartner）的研究報告，則認為到二〇二二年人工智慧的商業價值可達到三．九兆美元，主要原因是它能為客戶帶來新的體驗，推動新的收入，並降低服務運營和製造成本。

二〇一九年達沃斯會議的報告指出，當時中國有十四家AI獨角獸企業，這十四家公司的估值合計達到四〇五億美元，其中最著名的就是視覺領域的四小巨人和科大訊飛。因此，可以說二〇一六年至二〇一八年，這三年是人工智慧最容易募資的時期。只要有創意，風險投資公司就願意買單投資。因此，ＡＩ新創公司如雨後春筍般的成立。然而，正如股神巴菲特所說：「只有當潮水退去，才知道誰沒穿褲子游泳。」這些新創公司中有九〇％虧損，大部分公司營收不足二億。

以AlphaGo背後的DeepMind為例，後來被谷歌（Google）母公司Alphabet收購，但截至去年，DeepMind仍在虧損。整體來看，ＡＩ公司缺乏成熟的產品和穩定的商業模式。儘管這些獨角獸公司的估值可能達到數十億甚至數百億美元，但實際上，它們距離上市還面臨著重重困難。

對於一般大眾來說，在二〇一六年才開始接觸到人工智慧的資訊和報導，但對於產學界來說，二〇一二年的ImageNet比賽就讓大家重新看到了人工智慧的發展潛力。這個比賽提供了一百二十萬張照片用於訓練，五萬張用於測試，共有一千個影像類別，例如：花豹、汽車等。傳統上，這方面的研究最佳錯誤率只能降到二六％而已。然而，這一年，辛頓（Geoffrey Hinton）的學生們利用「深度學習」和GPU的組合，將錯誤率一舉降至一六％。三年後，微軟的殘差網路（ResNet）將錯誤率進一步降至三．五七％，而一群人類專家查看此五萬張照片的平均錯誤率卻是五．一％。所以，此時的「深度學習」在影像分類的表現上居然超越了人類。在那幾年間，很多人口中的人工智慧，指的就是「深度學習」。但其實「深度學習」仍然是一種多層的類神經網路，只是勒昆（Yann LeCun）、辛頓和班吉歐（Yoshua Bengio）這三位「深度學習」的大師們提出了一些創新方法，讓「深度學習」的深度效果得以充分發揮。

總結來說，這一波「深度學習」之所以能夠成功，主要關鍵在於以下幾點：特殊的網路架構，如：卷積類神經網路（CNN）等、網路上巨量的訓練資料、硬體計算資源，如：NVIDIA的GPU和Google的TPU、以及眾多開源工具及平台，如：

TensorFlow和PyTorch等。其實，即使不完全理解模型的運作原理，仍然可以使用這些工具構建模型來解決各式各樣的問題。

人工智慧的應用和挑戰

人工智慧並非空中樓閣，實際上已經無所不在地融入了人們的日常生活。例如，搜尋引擎、機器翻譯，以及人臉辨識的應用。在醫學影像處理方面，從影像中可以自動找到腫瘤位置。人工智慧還可應用於倉儲機器人和其他各種機器人應用。

此外，人工智慧也被應用在自動駕駛汽車上。自動駕駛汽車主要有兩種不同的技術：一個是以光達為主的技術，如：Google的Waymo；另一個是以視覺為主的技術，如：特斯拉（Tesla）。自駕車市場必須兼顧技術、商模和法規才能發展壯大。許多車廠樂觀地認為，到二〇二五年，自駕車可能會在街上大量運行。儘管技術日益成熟，但製造成本降不下來也是一個問題。此外，更重要的是法規問題，如：車禍責任歸屬——究竟是駕駛者、車廠還是提供演算法的工程師要承擔責任？

以自駕車遇到緊急狀況為例：如果自駕車必須緊急剎車，可能會撞到前方載滿小孩子的娃娃車；如果選擇向右轉，可能會撞到等公車的八十歲老人；如果選擇向左轉，可能會撞到開著千萬跑車的二十幾歲年輕人。那麼自駕車該如何選擇，誰應該承擔責任？

因此，德國和其他國家已經開始為釐清車禍責任，制定了一些規範。例如，在必要時可以損失財產或動物性命，但不能根據人的屬性來決定處理方式。這就是自駕車所需面臨的現實挑戰。

現在我們來看一下人工智慧在藝術創作方面的成果。大家看下頁這幅畫覺得如何？這幅畫是幾年前以生成對抗網路（Generative Adversarial Network，簡稱GAN）為基礎的畫風轉換應用程式所創作的。換句話說，只要拍張照片，選擇一個畫家的作

以上圖片摘自："Unpaired Image-to-Image Translation using Cycle-Consistent Adversarial Networks", in IEEE International Conference on Computer Vision（ICCV）, 2017. 網站https://junyanz.github.io/CycleGAN/

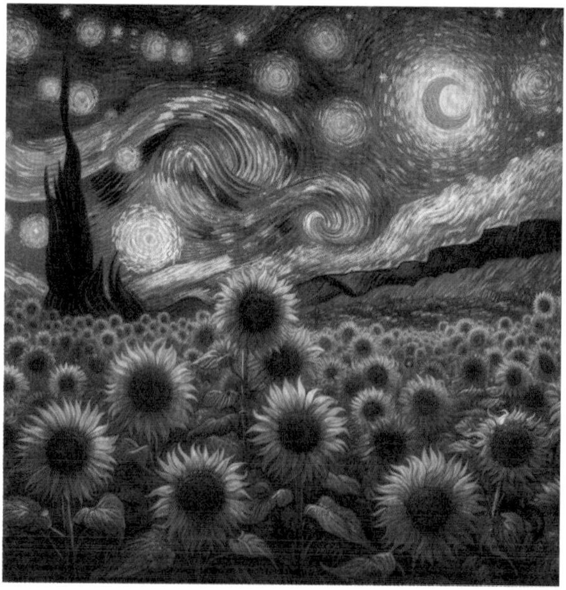

上圖是由微軟Edge瀏覽器的Copilot鍵入關鍵字「星空下的向日葵花海」生成的AI圖片

品，例如：這幅是莨內的，這個應用程序就能將照片轉換成該畫家的風格，產生這幅畫。

近年來，有更創新的做法出現，例如Disco Diffusion這些模型。只要描述想要創作的畫作，輸入一些關鍵字（如「星空下的向日葵花海」），它就能創作出一幅畫。如果選擇梵谷的向日葵作為參考，它就能創作出相應風格的畫作。

在音樂創作方面，Aiva可以創作交響曲。在二〇二〇年，一組研究者利用貝多芬二百五十年的冥誕為契機，他們希望利用貝多芬的九大交響曲以及第十交響曲的部分資料，完成第十號交響曲的創作。原本計畫在二〇二〇年的德國某城市進行演出，但因為疫情的影響，最終在二〇二一年在漢堡進行了演出。

接下來，許多新聞社也使用ＡＩ來撰寫新聞。幾年前，日本的一所大學甚至利用ＡＩ撰寫科幻小說，該作品通過了日本某文學競賽的初賽。此外，若您訪問百度的「為你寫詩」網站，只需用口語表達，例如「念西湖」，該網站便會為您創作七言絕句。目前，馬斯克的OpenAI團隊釋放了GPT-3，它能生成文本。也就是說，只要提供部分文字，GPT-3便能自動生成後續內容。

以上的介紹顯示人工智慧已經具備琴棋書畫的能力，其實，它也能經世濟民。現在我們來看看ＡＩ的應用範疇，包括智慧醫療、智慧交通、智慧農業、智慧教育、智慧電商、智慧娛樂、智慧機器人、智慧工廠和智慧社交媒體等各個方面。

接下來會用在天平兩端的應用例子來說明人工智慧應用的極端特性。首先介紹的是在天平的一端，用在救助和醫療方面。從The Medical Futurist的一篇文章得知，人工智慧將在智慧醫療和照護產業重塑九個行業。在診斷、輔助影像診斷、新藥開發和精準醫療等方面，我們都能看到人工智慧所扮演的角色和取得的成效。

在醫療領域中，人工智慧仍然需要克服一些問題，儘管它具有很高的辨識率。首先，是否有可靠的醫學證據來支持人工智慧所做的診療判斷；其次，人們是否敢相信這個黑盒子推薦出來的治療建議。例如，當面臨兩種模型時，一種模型具有九〇％的正確性，但無法提供解釋，而另一個ＡＩ模型的正確率只有八五％，但能提供解釋。假設九〇％正確率的模型告訴患者，如果不接受大腦手術，兩週後可能會死亡；而八五％的模型則說，經過各種解釋和判斷，患者只需依靠藥物就能存活，無需開刀。在這種情況下，患者應該相信哪個模型？是無法提供解釋的九〇％正確率的診療意見呢？還是可以提供解釋但正確率只有八五％的模型？

因此，在醫療領域，可能需要的是一個同時具有高正確率和高解讀性的模型，才能使人們更願意採用人工智慧的診療建議。我認為人工智慧在醫療的應用價值並非替代醫生，而是提供更有價值的診療參考，節省資源，使診療的財務負擔可以降低且更有效率。

接下來，讓我們來看另一個天平的極端應用，即人工智慧在軍事科技中的應用。當提及軍事科技時，大家心中會浮現什麼樣的想法或影像呢？是俄羅斯與烏克蘭戰爭中的無人機？還是電影《魔鬼終結者》中的人形作戰機器人？究竟這方面的發展已經達到了什麼程度呢？

人工智慧具有以下特點，使其適合用於軍事科技：首先，具有學習能力，因此可以持續提升武器的性能；其次，資料處理速度快且精確，因此可以迅速找到攻擊目標；最後，具有強大的大數據處理能力，可以從大數據中快速的擷取有用資訊，做出決勝策略。因此，許多國家已開始將人工智慧應用於無人機、指揮控制輔助系統、故障診斷排除系統和智慧化訓練系統，以及網絡安全防禦和攻擊等軍事應用領域。

目前已有許多國家紛紛制定ＡＩ發展規劃，希望能在新一輪的軍事變革中搶占先機。從俄羅斯和烏克蘭戰爭的新聞中可以看出，作戰模式已經發生了變化，無人系統與有人武器的協同作戰越來越重要。因此，未來戰爭很有可能逐漸發展成無人作戰。

人工智慧武器的特點在於，與核武器相較之下，它更容易製造和獲得。也就是說，人工智慧很容易從商業轉向軍事應用，例如無人機。因此，未來這些不需要人類干預、能自行選擇目標和交戰的人工智慧武器將如何發展？它們會引發世界毀滅的戰爭還是另有其他結果？為此，我們是否應該限制人工智慧的軍事化呢？英國物理學家霍金和特斯拉創辦人馬斯克等一百多位各領域的專家向聯合國提議，希望各國簽署一個公約來約束人工智慧的軍事化發展。

可解釋性、泛化能力和倫理問題

儘管如今人工智慧蓬勃發展，但人工智慧目前尚有許多待解決的問題。上文已經提到了可解釋性人工智慧，因為目前的人工智慧系統很像一個黑盒子。它可以告訴我們結果是對還是錯，但無法解釋原因。然而，在醫療、法律和金融等領域，這些決策可能需要解釋。換句話說，我們需要知道為什麼ＡＩ做出了這樣的決策，我們是否可以信任ＡＩ？以及如何修正錯誤。因此，可解釋性人工智慧（XAI）變得越來越重要。

人工智慧有兩種不同的發展方式。第一種是符號式人工智慧，即專家系統，具有很高的解釋性，因為它是基於規則來運作的；第二種是連接式人工智慧，即類神經網路方式，它通過輸入輸出的資料來迴歸輸入輸出間的函數關係，但缺乏解釋性。特別是在「深度學習」中，層數越深越難以解釋。

因此，要提供可解釋的人工智慧，我們需要在模型中解決一個兩難的困境：模型越簡單，解釋性越強，但能處理的問題就越少；模型越複雜，準確性越高，但解釋性越差。所以我們必須在高準確性和可解釋性之間找到一個平衡點。

目前有兩種不同的解決方案，一種是讓模型本身具有可解釋性。例如過去的決策樹就具有很高的可解釋性。另一種方案是將九〇年代的類神經網路與模糊系統結合，這些模型在建立完成後也可以提供規則來解釋。

針對現在的「深度學習」，可能需要使用事後歸因（Post-hoc Explanations）的方式，也就是在模型訓練好之後，想辦法提供一些方法來解讀為什麼模型會產生這樣的輸出，例如LINE、Salient Map和SHAP等方法，藉由上述方法，可以告訴我們模型關注的重點與輸出之間的關聯性。

此外，我們要關注的另一個重點是人工智慧的泛化（Generalization）能力。例如AlphaGo在棋盤態勢下可以打敗人類專家，但同一個演算法在面對交通路況時卻無法應對。同樣地，自駕車可以感知前方路況進行安全行駛，但用在下棋時卻無法運作。不同的演算法或模型就只能有效的處理原先的問題，無法立即轉換來處理不同的問題。相對地，人類可以使用同一個大腦組織來很有彈性地應對不同的情境，不需額外轉換功能模組，如開車、下棋、拉琴等。

因此，有人認為既然在各個領域我們都有機會訓練出比人類還優秀的「深度學習」模型，那麼將這些有傑出表現的模型組合起來，不就可以實現類似人類大腦的泛化能力嗎？而這就是強人工智慧（Strong AI）或通用人工智慧（AGI）的夢想。然而，要達到這個目標，我們還需要經歷一段很長的時間。

此外，人工智慧還有很多與倫理相關的問題。人工智慧雖然有助於促進社會福祉，但若缺乏適當的規範，反而可能產生負面效果。這方面的關注點在於，人工智慧是否有正確適切的應用？以及是否存在被誤用或濫用的情況？聯合國在二〇二一年已訂定一些相關規範，而歐盟也在二〇一九年訂定了七大原則[1]。其中包括強調人類的主體性，需要監督人工智慧的發展，並要求不得歧視，須公平且能問責等規範。

然而，即使有了這些倫理規範，是否真能確保人工智慧的發展方向呢？各國是否就不會發展致命性人工智慧武器？極權政府是否就不會濫用這些技術？Deepfake技術是否不會被惡意使用？這些規範是否真的具有約束力？

在這裡先做個小結論：目前所使用的「深度學習」存在一些需要改進的地方。首先，它需要大量的數據，有時可能會過度擬合或受到數位攻擊的影響。其次，這類模型往往缺乏可解讀性，可是在某些應用領域，解讀性是非常重要的。最後，更重要的是，現有的模型缺乏因果推理能力。所以，「深度學習」在應用過程中，這些問題是必須要克服的。

以七C應對人工智慧

有人認為人工智慧的影響可能遠超過工業革命。儘管人工智慧是一把雙面刃，但這並不意味著應該停止人工智慧的研究，而是需要即時制定相應的規範。當AI具有琴棋書畫、經世濟民的能力時，人類該如何面對？著名科學家霍金和企業家馬斯克都認為AI未來可能對人類構成威脅。這些不同領域的專家們會對人工智慧的發展憂心忡忡是其來有自，回想人工智慧的研究動機就是以人為典範，要設計出一個像人一樣具有感知、學習及決策分析能力的智慧型機器。那什麼類型的人是我們的學習典範呢？儒家文化影響下之傳統文人皆推崇「四藝」：古琴、圍棋、書法、繪畫，精熟四藝才算是為人敬重的謙謙君子和文人雅士，也才能登廟堂之上。但僅成為懂得琴棋書畫的謙謙君子就夠了嗎？倘若能再懂得治理世事和富裕民生，這種同時具備琴棋書畫和經世濟民的人才將是典範中的典範。現在的人工智慧已經同時具備超乎常人的琴棋書畫和經世濟民的能力了，那麼現在誰是誰的典範？未來誰能駕馭誰？以誰的決策為主？

在個別的領域裡，人工智慧確實有機會超越人類。然而，人工智慧在藝術和文學方面所展現出的驚人成績，是否就意味著它具有人類的感性和美感呢？我認為它只是透過函數迴歸的方式來模擬人類的情感和美感的輸出而已，並不具備真正的意識、感性和美感。或許有人會引用莊子和惠子的「子非魚，安知魚之樂」的對話，來反駁我對ＡＩ不具備意識、感性和美感的看法，但如何判斷ＡＩ是否具備意識、感性和美感的統一評估指標，至少目前仍是莫衷一是。

此外，要強調的是，人工智慧並非萬靈丹。若過度依賴ＡＩ，可能得到的結果並非如想像中的完美，我們投入大量軟硬體和人力資源，卻無法達到預期效果。人工智慧是會受到訓練資料影響而具有偏見的。此外，有一點需要特別強調，那就是人工智慧需要有可行的營渾模式和實際應用價值，否則可能只是一場煙火秀。換句話說，人人稱羨的獨角獸可能變成吞金獸，這個AI泡沫最終將會破滅。

接下來的一個關鍵問題，誰能掌控人工智慧未來的發展呢？觀察近年來被廣泛採用的「深度學習」模型，可以發現大部分都是由大公司發表的。未來能夠掌握人工智慧發展的可能是那些擁有豐富數據和軟硬體資源的大型公司或國家，個人和學校在這方面可能越來越難以取得重大突破。近年來，許多人工智慧領域的教授都加入了業界，「深度學習」領域的那三位大師也都在業界工作。以GPT-3為例，它可以做很多事情，但訓練費用高達三億多新臺幣，這是學校無法負擔的。

最後我們該如何面對人工智慧的挑戰呢？對國家來說，必須培育足夠的人才、優化產業發展環境、孵化創新生態圈、營造試煉場域、開放資料應用和鬆綁法規等。對個人來說，李開復提出的六C能力，包括好奇心（Curiosity）、創造力

（Creativity）、批判性思考（Critical Thinking）、協調（Collaboration）、溝通（Communication）和自信（Confidence）。但我個人認為還需要一個跨領域整合（Cross-disciplinary Integration）的能力。因此，未來惟有具備上述七C的能力才能應對人工智慧的挑戰。

我們打開的是百寶箱？還是潘朵拉盒子？

在本文中，我們先重點式地介紹人工智慧的起源和發展趨勢，接著談及人工智慧已具備琴棋書畫和經世濟民的能力。然後，再用可救人的醫療和可殺人的軍事科技領域的應用來呈現人工智慧的特殊極端性。在醫療領域，人工智慧的應用已經開始顯示出巨大的潛力，能夠提高診斷的準確性和治療的效率，從而改善醫療質量並節省醫療成本。然而，我們也需要解決AI模型可解釋性和倫理問題，確保其應用的可靠性和負責任性。在軍事科技領域，人工智慧的應用將極大地提高作戰效率和戰場勝率，但也帶來了潛在的戰爭升級和擴散風險，需要加強監管和管理。展望未來，我們可以預見人工智慧在更多領域發揮重要作用，但也需要警惕其可能帶來的不利影響，並積極應對挑戰，以確保其健康發展和社會利益的最大化。

在未來的發展中，我們一方面需要投入更多資源來培養跨領域的人才和專家，以便在人工智慧技術的研發和創新上有所突破，讓人工智慧技術可以更健康地發展和解決更多的社會問題（如：生態環境、氣候調控、永續發展、糧食生產、醫療保健、貧富差距、生活品質等）。在另一方面，政府和國際組織應該攜手合作，一同努力加強立法和監管措施，讓社會大眾、企業和各國國防部門有所遵循，確保人工智慧有被合理和負責任地應用，並且要防止被惡意利用或導致不利後果。只有通過大家持續的努力和合作，我們才能充分發揮人工智慧技術的潛力，實現其對人類社會的積極影響，推動社會的發展和進步。

最後，我腦中不禁浮現出一個疑問，這幾年來，人工智慧夾帶著其日新月異的強大功能，正無所不在地在各個領域造成莫大的影響和衝擊，那麼，究竟我們打開的是百寶箱？還是潘朵拉盒子？

❶二〇一九年，歐洲委員會發布了「人工智慧：對歐洲經濟、社會和人權的影響」報告。該報告提出了七大原則，旨在引導和規範人工智慧的發展。這些原則強調了人類的主體性、透明度、道德責任、可解釋性、隱私權、安全性和監督等方面。——編者註

人工智慧與自然智慧的博弈

苑舉正
國立臺灣大學哲學系

比利時魯汶大學（荷蘭語）哲學院博士，現任國立臺灣大學哲學系教授，曾任南華管理學院哲研所副教授以及東海大學哲學系副教授。專長為科學哲學、社會科學哲學、政治哲學、歐陸哲學、哲學概論。曾榮獲行政院國科會多年度甲種研究獎與研究計畫。著有《求真：臺大最受歡迎的哲學公開課》、《哲學六講》、《索羅斯的投資哲學》、《求善：臺大哲學教授的斯多噶生活講堂》等著作以及盧梭的《德行墮落與不平等的起源》的中譯。

本文指出人工智慧與自然智慧之間的差異與發展。人工智慧具有科技進步的內容，而其發展一直以有朝一日能夠取代自然智慧為主。坦白講，在工商社會裡，這是很多人的期待，而實現這個期待的三個要件，也就是重視外在、工具理性，以及不顧尊嚴，一旦備齊，則人工智慧極有可能無法阻擋。然而對於哲學家來講，此三者之完備，如同宣告人倫之終結，尤其是人之尊嚴，不容妥協。

從哲學探討人工智慧的未來

我在臺灣大學任教「科學哲學」，我形容這是一件非常有勇氣的事，因為在我開設「科學哲學」課程時，有很多學生是物理系的，回去後都和物理系的教授說：「哲學系來了一個很會講物理，但好像不會計算的人！」

後來有許多物理系的老師對我的課產生了興趣，他們總會對我的課提出很多疑問，但也因此讓我認識了他們；物理系老師對我評語是：「他真的很會講，但是一講到大氣壓怎麼計算，就發覺真的不懂。」我這才知道，科學裡還是有規矩的，所以我在準備上課資料這部分，也特別小心。

我必須謙虛地說：「人工智慧（Artificial Intelligence）不是我的專長。」我覺得自己沒有資格談，但在中央大學哲研所陸敬忠教授再三邀請，並說明主題涵蓋到應用倫理學，我就覺得這還可以，談倫理學的確可以由我這個學哲學的來談一談。因此今天的內容主要是講哲學，用哲學的角度來看人工智慧，並涉及一定深度的倫理關懷。

首先，人們之所以將人工智慧稱為「人工智慧」，主要原因是因它可以與「自然智慧」（Natural Intelligence）❶比較，甚至進行對話。人工智慧有助於滿足我們的食、衣、住、行需求，使我們長期以來夢想的理想世界變得觸手可及；再加上最近討論的元宇宙現象。事實上，我大膽地說，喜歡元宇宙中「平行世界」的人，可能還需要等待五千年到一萬年才能實現。所以我們現在討論的事情是未來的事情，但等到元宇宙完全實現的話，人類可能也會走向終結，因為生活將變得太過舒適。

在哲學領域有一個命題：人生活的目的是追求幸福，沒有人會反對這一點，因為這關乎個人利益。從狹義的角度來看，幸福可以理解為「所有的經驗都是快樂的（The happy experiences）」。有一位哈佛大學的教授，他的名字叫羅伯特・諾齊克（Robert Nozick），他提出了一個論證「快樂經驗機器」❷。只要進入這台機器，人們就可以擁有所有的快樂經驗。現在，通過先微分再積分，逐漸累積人類一生中所有的經驗，尤其是快樂的經驗，然後按照這些經驗設計機器，這就是「快樂經驗機器」。然而，這些快樂經驗是在機器中人為地創造出來的，這個累積起來的結果，就是「幸福」嗎？

一九七四年，諾齊克在他的著作《無政府、國家與烏托邦》（*Anarchy, State and Utopia*）中表示，他認為沒有人願意生活在那個快樂經驗機器裡，因為活在機器裡意味著要跟現實世界告別。與現實世界告別的結果，即使得到的快樂也不會是真正的快樂。然而，由於網路遊戲的發達，例如過去有一檔財經節目「金錢爆」，名字聽起來不好，但實際內容不錯。該節目將一百年前吸食鴉片的人躺在床上的場景，替換成青年人用手機玩「王者榮耀」的場景。因此，元宇宙出現的虛擬世界極有可能成為現實，而且人類一直都有這樣的夢想，那就是創造快樂的感覺。

在食、衣、住、行方面，這個道理也適用。對於食物，人工智慧非常容易滿足我們的需求。以我自己為例，我是二型糖尿病患者，這種病情具有明確的遺傳特性。對於如何治療和飲食，基本上可以完全建立一套標準，而人工智慧可以在這方面提供相應的幫助。

衣物方面就更不用說了，人工智慧可以燙衣服、幫助選擇衣服、設計衣服。在穿著方面，人工智慧為我們提供了無數發揮的機會。總之，從人工智慧的角度來看，食、衣、住、行告訴大家，生活中的所有方面都可以用機器、程式設計、演算法和設備來取代；這些都已經是可以實現的。

最主要的是「行」，即無人駕駛。我對此其實充滿期待，因為我過去在臺中和嘉義工作，而我的家在臺北。這是因為在臺灣學術界機會不多，我從歐洲拿到學位後只能在離家較遠的地方找到教職。從嘉義的南華大學到臺中的東海大學，再到臺北，其間我很多時間都必須開車。在這個過程中，因為當時我非常忙碌，開車非常痛苦。如果有無人駕駛能解決我的疲勞該有多好，需要在東海寫文章，然後再到臺北繼續修改。那時我就想，如果有無人駕駛，我就可以躺在後座繼續寫文章、使用電腦，等時間到了，無人駕駛就能將我安全地送達目的地，而且沒有任何問題。

人工智慧這個現象，哲學家很早一直有個答案，這個答案就是：「人工智慧是不可能的任務」。人工智慧最核心的問題就是機器人「成為人」。哲學家的答案就是諾齊克的答案。他認為，如果你通過機器來獲得一切的便利，那麼它並不是真正的便利；如果你通過機器來獲得一切的快樂，那麼它並不是真正的快樂；如果你通過機器來獲得一切的幸福，那麼它並不是真正的幸福。

但是這個答案伴隨科技發達而逐漸複雜起來。問題逐漸與當今網際網路、區塊鏈、人工智慧的發展相互結合，讓大家意識到：「我們現在正面臨一個新的時代」。我已經很久沒有面對這樣的問題了，為什麼呢？因為我感覺未來似乎無望了，也可能我比較敏感。

我看到人工智慧在門口掃地時，就真的把它當作清潔工對待。我要強調的是，這個時代已經不一樣了，不僅僅是代溝的問題。我們過去面對機器人和人工智慧時，認為它們與人的差異是量的差別（quantitative difference），而現在則是質的差別（qualitative difference），機器的本質與人的本質變得越來越相近。

人工智慧的中庸之道

我現在基本上不對年輕人做判斷，因為我自己有孩子，跟他們聊天後才發現，他們的生活已經與我有很大的不同；他們成長於電子產品的時代。

這個例子顯示出不同世代之間的差異和認同感。我的學生助理和兒子都對EDG的世界大賽❸非常期待，對這場比賽感到興奮。這場比賽是中國隊對韓國隊，他們可能在這場比賽中找到了某種認同。而我對這些比賽並不了解，無法理解他們的興奮。

同時，在那天晚上北京下了第一場大雪，很多老人看到年輕人跑出來感到不解，不明白為什麼年輕人看到雪這麼興奮，而年輕人也不理解為什麼老人看到EDG獲得冠軍卻不感到興奮。

這個開場白的主要目的是告訴大家，機器人的可能性已經出現在我們周圍。目前為止，電影作品如《魔鬼終結者》、《人工智慧》和《變人》❹等都在探討人工智慧與倫理道德的問題。因此，當我們看到一張明明是機械，但眼神看起來很像人的圖片時，就能明白這是《變人》所要表達的概念。該機器人在嗅覺、味覺、視覺、觸覺、聽覺和情感上都與人類一樣，使得我們無法區分它與人類之間的差別。

在哲學中，學過笛卡兒的人尤其熟悉他的夢之論證（Argument of Dreams）❺。在臺大的哲學概論課程中，我會問學生：「誰認為自己可以把夢裡和夢外分清楚？」很多人都會舉手。我問一位同學：「當你在夢中夢到自己即將開車衝向懸崖時，你害怕嗎？」同學回答：「害怕，但那是在夢裡。」我接著問：「你當下害怕時，你是真的害怕，還是假害怕？」同學說：「真的害怕。」我再問：「那你真的開到懸崖底下時，你害怕嗎？」同學回答：「也害怕。」

所以，夢裡、夢外害怕的感覺是一樣的嗎？答案很明顯，就是它們是一樣的害怕。這正是笛卡兒所指出的，只要在感覺上完全一樣，人們就無法分辨。甚至可以預測，機器人成功的可能性與色情產業有關，因為在這方面，人們的感覺經驗、刺激和動機最為強烈，目前網際網路上的網頁也以此方面最為發達。

另一方面，越來越多的科技人士，如馬斯克，認為元宇宙在未來一定會成功，我們有可能生活在平行宇宙之中。然而，哲學家們持相反意見，認為這不可能成功，否則人類的本質意義將不存在。今天，我們要強調的是，有這兩種極端的人，而且他們之間的差別不僅很大，還非常有意義，尤其與我們今天討論的主題密切相關。

關於價值判斷，哲學界普遍接受亞里斯多德的「中庸原則」（Doctrine of Mean）[6]。在人工智慧是否能夠取得全面成功的問題上，我們應該站在中間：認為絕對不會成功的人過於堅定，而認為一定會成功的人則可能只是表達他們的美好想像。極端立場總是有缺陷，而中庸立場更符合情理。

人工智慧取代人類的三個條件

所以我基於「中庸原則」的立場，建議哲學家們提倡「可能成功論」，並附帶三個條件。在介紹這三個條件之後，我們將討論哲學上的基本觀點，以及奧古斯丁和康德的研究和看法。

如果以下三個條件得以實現，人工智慧在人類社會的未來將有可能成功：

第一個條件是「如果對於任何事情都只追求外在，不追求內在」；

第二個條件是「做任何事情都是以目的為主」；

第三個條件是「否定人有尊嚴」。

如果這三個條件成為未來人類社會在價值取捨上的標準，那麼人工智慧將有可能取代人類，機器人將有可能取代自然智慧。

針對第一個條件，如果人類未來只追求外在而不追求內在，我們首先需要解釋內在和外在之間的區別。最直接的解釋是：追求外在強調人在外在所表現出的一切喜好和情緒，就是人的全部，而追求內在則涵蓋更多其他情緒和感情。那麼，為什麼只強調外在而不強調內在，會讓機器人取代人類呢？

原因在於：當你認為機器人在外在情感上所表現出來的感覺（包括觸覺、嗅覺、味覺、聽覺、視覺）還不夠像真人時，你可以指出他們不夠真實的理由，並說明這些不夠真實的地方。只要你能指出這些差異，科學家和工程師就可以根據這些「還不夠真實」的部分進行修正，直到無法察覺出任何不真實的地方。

下圍棋的深藍Deep Blue[7]，一開始並不那麼厲害，但目標始終如一，就是要贏棋。經過無數次的修改後，它最終輕鬆地擊敗了世界棋王。人類的智慧無法像機器一樣進行無數次的修正。在象棋中，人類已經不再與人工智慧競爭，因為機器早已在西洋棋中戰勝了人類，如今人類只是自己在玩。要知道，這種修正能力是相當驚人的，因為下圍棋的步驟涉及的可能性之多，只有宇宙的天文數字可比，但機器仍然能夠學會。

關鍵在於，機器的學習方式是：只要你能指出哪裡不對，它就能進行改進，經過一段時間，它就能做得很好。愛爾蘭有一個搖滾樂隊U2，他們有一首歌叫做「可能比真的還要好」（Even Better Than the Real Thing），這首歌給了我很大的啟示。

人工智慧就是這樣，只要還有一點不夠真實，就繼續改進，無論是修改一千次、一萬次，還是一兆次。只要能指出哪一點不夠真實，人工智慧就根據外在的理由進行改正，久而久之，它就變得「真實」了，對吧？因此，大家都知道自我修正（self-correction）的力量是非常強大的，甚至可能達到「比真的還要好！」的程度。

第二個條件是「以目的為主」。這個條件講的是工具理性（Instrumental rationality）。最早提出這個概念的是德國社會學家韋伯（Max Weber）❽。他認為，工具理性因為追求實用的利益，反而構成人類發展的最大限制。在工具理性的應用下，做任何事情都是以目的為主，所以是全面發展人格的最大限制。讀書與受教育就是一個很好的例子。

我們說讀書是為了自己的成長，不完全是為了賺錢；賺錢是所有受教育的各式功能之一，但不是唯一。這個意思是說，受教育之後能賺錢是目的之一，但受教育不能以賺錢作為唯一的目的。然而，事實的情況卻不是這樣，例如我所任教的臺灣大學。

我分享一個臺灣大學的例子，讓大家聽聽：以前有四個系原來都是學生們的第一志願，但現在基本都不是了。聽到這個消息，讓人感到非常不安。這四個系並不是哲學系和社會系——這兩個系從來就不是第一志願。令人意想不到的是，這四個系分別是物理系、心理系、生命科學系以及外文系。原來這些都曾經是第一志願，但隨著目的性的增強，這些科系的招生出現了與以前不同的情況。

我進入臺灣大學後不久，當時生命科學系和牙醫系的分數差距只有三分，現在已經達到了一百分。這個變化讓教授非常擔憂，因為現在臺灣大學只剩下兩個系感覺就業有前途：醫學系和牙醫系。這當然只是笑話，並非真實，不過這個笑話凸顯在教育中過於追求工具性和目的性的事實。

我在臺灣大學的醫學系和牙醫系教授哲學概論，但是這些學生對哲學感興趣嗎？讓最具工具理性的學生學習哲學概論，真的合適嗎？我只希望這些學生不要翹課，上課時能表現出尊重和積極的態度，不要輕視哲學。因為作為教師，我相信人是有尊嚴的，我不願意接受這種屈辱。

第三個條件是人有尊嚴。這個我很堅持，我就跟我的哲學概論學生說，如果他們翹課、上課態度不好，到時候一定把他們當掉，而且我還開了一句玩笑，跟他們說：「我還幫你們牙醫系算過，如果被當掉晚一年畢業，你們少賺八百萬！」我本來以為講完會哄堂大笑，結果講完全場噤若寒蟬，原來除了估的低一點以外，其他都對；大家可以想想教育工具化的問題多嚴重。

我們的教育變得太工具性，但說受教育是為了賺錢，就像人活著的理由是為了任何一個外在的目的，無論是吃、喝、玩、樂，還是其他，這聽起來都不是一個完美的人生。如果告訴別人，他們辛苦工作的目的只有一個，就是環遊世界；做企業的唯一目的，就是為了賺錢；當有錢人的目的就是要給別人看；那就完蛋了。

如果人期待用所有的手段來滿足目的，那麼確實是，機器人有可能取代人。為什麼？因為他們是目的性的，就像機器人，只要這些重視工具理性的人，說出來目的，機器人就會實現這個目的；機械就是為了實現目的，最後他們只會住進「快樂經驗機器」。

機器人本身就是一個工具、手段，是達成目的的手段。只要有一個要達成的目的，這就是機器可以發揮的地方。如果有勝過一切的目的，只需要把目的講出來，然後這就是機器人能夠達成的部分。所以在一切都講求目的性的環境當中，沒有目的等於是沒有意義的事情。

在哲學概論的課堂中，我都跟學生說，老師上課不需要學生學作專業哲學家；我從來不勸學生成為職業哲學家，因為哲學教育太辛苦了，內容太專精了。哲學教育很特別，哲學教育是所有現在教育中最特殊的。別的教育是「見樹不見林」，我們的哲學是「見林不見樹」；哲學理解是「整全式的理解」（comprehensive understanding）。

其他學科的論文都是寫小題目，連中指和無名指之間的皺紋哪裡不一樣都可以寫成論文。哲學卻有出名的三大問題：我從哪裡來？我往哪裡去？我是什麼？這些真可能是連上帝都不能回答的問題，它們真的是很有趣的問題，因為它們雖然沒有具體的答案，但是它們都是大問題，需要整全式的理解。所以哲學家都喜歡問這些大問題，因為它們對於人生有實質的幫助。

人有尊嚴，需要被尊重。我們說人有獨特性，稱這種個性的堅持為尊嚴，包含心靈，甚至靈魂。這也就是說，每個人都有自己的想法，所有人都希望被別人尊重，這就是尊嚴。讀康德哲學就知道，這部分很重要，也很嚴肅。要不要維持個性？要不要珍惜自己在其他人眼中的特別性？答案都是肯定的，因為這就是尊嚴，可是在處處講求外在與目的的社會，尊嚴算什麼？❾

我必須強調一件事，講哲學也加上一點時事理論。當我聽到網軍這個名詞，我初步的理解就是，有些年輕人做宣傳的側翼，操作手法很簡單，就是騙子加流氓，流氓負責打罵，騙子負責編寫，兩者集中在一個人身上，基本就變成機器人，沒有任何的道德意識感。這是我初步對於網軍的理解，不知道對不對，但如果真是這種情況，我覺得好恐怖！

最重要的觀念就是說，人如果沒有對於自己的尊重感覺，沒有自己的尊嚴的話，那沒什麼事情做不出來；如果一切都有目的，一切都只看外在，那也沒有事情做不出來。因為大家知道，這個尊嚴是康德哲學中最重要的東西。人會要求被尊重的原因，就是希望保有尊嚴。所以人才會希望，其他人以自己要求自己的方式對待別人，這就是康德說的「互相性」（reciprocity）。所以，康德會強調永久和平⑩，因為在理性的認知中，相互尊重就是最合理的，國家都不例外，而這就是「將心比心」。

如果按照這三個標準的話，機器人極有可能取代人類。當然了，這樣的分析是從哲學的基本立場來進行。我們可以問自己，自己是不是一個比較複雜的機器？從這個角度來看，人跟機器之間的差別純粹只是程度上的區隔，而不是本質上的區隔。

如果人與機器只是程度上的區別，不是品質上的區別，這所導致出來的結果是什麼？這意味著，追求人與機器的區別，找出不同之處，必須進行修改，假以時日，修改一萬遍、修改一億遍、修改一兆遍，慢慢就可以將人與機器之間劃上等號。

如果我們不重視哲學，讓這三個條件無限制地發展，結果就是最終人與機器不分。但作為一個人，我不甘心！我自己在很長一段時間裡，都以活用哲學、科普哲學為主，就像佛光山在傳人間佛教，我在傳人間哲學。基本上都用「傳道」的方式讓大家了解哲學。那為什麼哲學這麼重要？

我剛剛講過，整個社會已經瀰漫著工具理性，但工具理性是哲學家最要反對的。對哲學家來說，工具理性絕對是個壞處，因為它以理性的姿態，否定了其他不能工具化的理性。這導致大學的教育在分工當中，出現的意義與以前追求全人教育的意義完全不同。如果大家對知識都不尊重，現在整個教育都是以醫學大學為主，那麼人的生存意義僅限制於具有目的性的工具思維，這遲早會引發很大問題的。

心靈與機器：人類尊嚴的重要性

我期待讓大家了解，生存的目的與不斷地提升認知，是我認為最重要的。為了達到這個目標，我付出了很多努力。我走到財經台去講正經八百的哲學，如黑格爾和康德，儘管聽起來像是可以賺錢的知識，但我實際上從未投資過。我希望告訴大家，所有看似實用的知識，其實本質上依然是哲學。

我鼓勵大家學習哲學，不斷地為哲學書籍撰寫推薦序。在誠品書店，有百分之八十五的哲學書籍是我所寫的推薦序。我因此出名，甚至大陸的作者也找我寫推薦序。我擅長介紹各種書籍，因為我本身具有廣泛的知識。然而，我學習哲學的主要目的是避免僅關注細節而忽略大局。

此外，哲學強調人的尊嚴，並認為人不僅僅是外在的，還有內在的部分。從哲學的角度來看，不能只討論具體的目的，而要將目的和手段結合在一起。這是康德的觀點：不能僅僅為了達到目的而不擇手段。在做任何事情時，目的固然重要，但選擇手段也很重要，尤其是要按照個人意願選擇手段，並尊重個人選擇的結果。

如果不重視哲學，就會忽略每個人的存在地位與價值。在這種情況下，人工智慧的發展確實有可能超越自然人，甚至取代人。最令人擔憂的是，心靈的認知能力是否還有用處？我們是否還有心靈？心靈在哲學中的翻譯非常特殊，從靈魂、心靈逐漸演變為心智。

從這個發展過程中可以看出，人類越來越科學化，因為科學本身是唯物的。在教授科學哲學時，有一個口訣可以讓許多學生信服：「凡是科學，一定是經驗！」「凡是經驗，一定是歸納的！」「凡是歸納，一定是有問題的！」這個口訣啟發於十八世紀哲學家休謨（D. Hume）的觀點。科學哲學正是在探討因歸納應用經驗所引發的問題⓫。

在科學哲學的討論中，心與物的問題尤為關鍵。然而在科學哲學領域中，人們受到唯物論的影響，總是帶著一片新興的熱情，希望心靈能夠被機器所取代。十八世紀法國哲學家皮耶－西蒙・拉普拉斯（Pierre-Simon Laplace）是機械論的代表。他的觀點與機械論相差無幾。他說：「你相信上帝存在嗎？祂可能存在，但我對於這個假設沒有需要（Do you believe in god? I have no need for that hypothesis, he may be around though）。」這顯示了科學與哲學之間的差異以及對心靈的看法。

信不信上帝，這是個人的選擇。康德認為神的存在不值得討論，這是每個人自己的理念。然而，十八世紀的拉普拉斯提出「全面機械論」，認為心靈可以完全被機器取代，但取代心靈的機器終究還是機器。換句話說，根據拉普拉斯的觀點，人不特殊，只是更複雜的機器⓬。

這個問題相當嚴重。如果人只是更複雜的機器，那麼人可以通過人為的方式，製造更複雜的機器。這就是人工智慧的發生。這種認知，實際上是對人性尊嚴的否定，因為人對待其他人的態度與對待機器的態度是不同的。道理很容易，因為人有感官知覺，對於別人的對待會有反應，所有人都一樣具有反應。所以為了避免糾紛，人對人的態度很自然地會產生道德感覺。

當我們認為某人對待他人不負責任時，我們會對這種不負責任的行為產生強烈的反感。人有理性，有理由反對別人對待自己所產生的不公不平。因為理性，所以康德認為，所有物種中，人是最特殊的，因為人同時具有身體與心智。身體讓它們與動物類似，但心智的力量，尤其是自由意志與內在理性，讓他們是完整的人，而不是豬、牛、羊等動物。

我知道，有動物愛好者，或是動物權利者，他們會認為這是「人類中心論」（anthropocentrism）的觀點。他們會認為，人有人道，而動物有「動物道」。這是哲學問題，我不能立即反對，但我會站在道德的立場上，問問大家，現今我們對待動物如同對待人類一般嗎？雖然我們對於素食主義者表達最大的尊重，但這並不會改變我們對於食物的現今態度。

這種不同的態度是因為人具有理性、自由和思想。康德在《實踐理性批判》中闡述，人是道德的動物，能夠做出判斷。因此，人與人之間形成了一個單獨的環境，被稱為「目的王國」（Kingdom of Ends）。人類社會就是一個目的王國，因為每個人都是一個目的。所以，人需要有尊嚴，需要被尊重。如果否定人的尊嚴，就等於否定人[13]。

舉例來說，我每天搭公車去臺大時，我都會尊重那位司機，而不是把他當作一個上班的工具。我下車時，會向這位司機大哥說聲「謝謝」，以示尊重。為什麼？實際上，不說，我一樣可以到學校，但說了聲「謝謝！」，表示我尊重他，而他也可能因此而比較尊重我。這反映了我們人對待人的相互態度。

因此，康德強調了一個重要的觀念：我們不必擔心人類會變成機器人，因為我們擁有心靈。心靈讓我自由自在地尊重他人，而他人也非常有可能因此而尊重我。這一切，並不是猜的，因為反過來是確定的。如果我不尊重他人，他人必將不尊重我，衝突會自然發生，所以為了避免發生衝突，我們所有人都不例外，會自由地尊重待人接物之道。這就是心靈的力量。

奧古斯丁的辯證思考

康德認為，所有科學家必然相信他們的理論還有繼續進步的空間。沒有科學家會說「這個世界就到此為止，不用再努力了」。科學家所提出的理論不是唯一的理論，也不是絕對正確的理論。因此，不同的理論之間會出現不同的解釋自然現象的方式。這使得科學家相信科學會不斷進步，因為他們所依附的理論會被不同的理論所取代，而這些理論彼此之間必須能夠融貫解釋。

在物理學上有一個著名的理論，叫「解釋所有事物的理論」（Theory of Everything）。科學家們夢想能夠發明這樣的理論，但這只是一個「夢想」，它可能永遠不會實現。這是因為，如果真的存在這樣的理論，那麼這幾乎等同於神的降臨。換言之，這樣的理論可能永遠無法實現，因為它超越了人類理性的範疇。這也意味著人類心靈的價值無法被機器所取代。

神學家奧古斯丁（354-430）的心靈觀念用來對抗懷疑論。其核心思想在於「神光」（divine light），這使得心靈有能力掌握所有知識。然而，奧古斯丁也承認心靈無法掌握所有它應該能夠掌握的知識。為什麼會出現這個矛盾呢？為什麼說「神光」

使得心靈有能力掌握所有知識，又說「心靈無法掌握所有它應該能夠掌握的知識」？這個矛盾的重要性在於，奧古斯丁將時間因素納入理解過程中。他強調轉變（皈依）（conversion）的概念，因為他自己經歷了從摩尼教派到天主教的皈依。奧古斯丁認為，在轉變之前，我們可能以為自己知道很多事情，但隨著時間的推移，我們會發現自己所知的有限。這意味著心靈仍有進步的可能，正如科學家們相信科學的進步一樣。

康德認為，所有科學家相信科學的進步，實際上已經間接證明了他們都具有自然形上學的觀念。我們在科學中的研究對象是自然的，而機器也是自然的一部分。然而，人類，尤其是人類的心靈，並不是自然的。這意思是說，我們的心靈，不是那受控於自然規律以及因果關係的身體。我們說過，人是由身體與心靈所組成的二元動物。人的身體基本上與動物無異，但人的心靈卻完全不同。其中最重要的區別就是心靈的力量賦予我們自由與理性，它們讓我們做出決定行為的方向，但實際是哪種行為卻不是可以預料的。

這段解釋與我們今天所談的題目息息相關。人工智慧和自然智慧之間的對話，強調了人類心靈所擁有的獨特地位。我們擁有心靈，並依照其做出自由以及理性的行為。所有人都會這麼作，而這些行為構成道德世界。現在我們的核心為，在這「道德世界」中，能否有人工智慧的空間呢？答案很明確，當然有，但絕不是「取代」，尤其不是由人工智慧取代自然智慧。

奧古斯丁認為，心靈理解能力的限制是，潛在性和實現性（potentiality and actualization）之間的差異。我們有這潛在的可能性，但我們需要通過努力和時間來實現它。這種觀念意味著人類心靈具有無窮的可能性，但是時間的因素永遠無法去除。我們必須努力在時間的過程中，實現我們的目標。所以請記住，「無窮的可能性」中，強調的是「無窮」，不是「可能」，所以人不能被機器完全取代。

人類為了完成了一個目的，從茫然無知到通曉事理，這之間的轉變是時間造成的，所以人才需要受到教育，因而人的心靈才會從潛在的、最無用的，實現成最重要的知識源頭。所以實現的知識必然都是心靈的，而心靈同時也包含了潛在中需要等待被實現的知識；這是奧古斯丁很重要的觀點。

奧古斯丁在《懺悔錄》中說：「心靈必須透過它自身以外的『光』啟蒙，所以心靈才可以參與真實，因為心靈不是真實。主啊！照亮我的『燈』，除您以外，無論哪裡，或是從哪裡，沒有真理的教師。」⑭這段話足以說明我所要表達的觀念，因為它分別講述，心靈如何參與真實和感官知覺的局限性。

首先，奧古斯丁強調心靈需要借助外在的「光」，才能參與真實。我們必須說，這「光」並不是什麼玄妙的力量，而是人的認知與理解能力。因為心靈本身並非真實，我們需要倚賴對神的認識來啟蒙我們的心靈，而這句話中，「神」的角色，只是確定人必須相信如下事實：人的心靈之中確實有認知與理解能力。

接下來則探討了感官知覺與真知之間的差距。事物處於不斷變化之中，而不穩定的事物無法被感覺到。當我們將事物的理解當成知識來認知時，其中有一段穩定表達、固化認知的過程。我們一般認為，這就是概念化的過程。概念化使得我們可以表達我們的感覺，但它本身具有在一段時間內，逐步形成固定理解的特性。因此，我們不能期待在感官知覺所導致的「粗造事實」中，獲得真正的知識。

將這些觀點應用到人工智慧與自然智慧的討論中，我們可以看到，把人工智慧的事物當作固定的事物來了解，可能無法得出真正有意義的結果。因為真正的知識不在於感官知覺，而在於超越感官知覺的心靈層面。這些奧古斯丁的觀點，不僅豐富了我們對心靈與真實的理解，還為人工智慧與自然智慧之間的辯證關係提供了有趣的思考。

人工智慧未來發展分析

在本文中，我們從哲學的觀點為人工智慧的未來發展做了分析。我們所採取的態度是持平的，也是哲學的。科技的進步，勢不可擋，而人性之尊嚴，更不容妥協。基於這兩造之間，我們除了在本文中進行分析之外，另提出結論三點：

第一、在工商業社會中，人工智慧發展的意義，不單是一項科技進步的議題，而是與人倫息息相關的威脅；

第二、科技進步來自人，尤其是人心靈中的認知與理解能力。我們應該捍衛心靈的認知與理解能力，並以此保衛人性之尊嚴；

第三、心靈能力之發揚，不僅是確保科技研究，而是維持科學技術發展之進步。

❶這裡所說的自然智慧（Natural Intelligence）按照脈絡來看指的應當就是「人類心靈」。

❷可參見：Robert Nozick, *Anarchy, State and Utopia* (New York: Basic Books, 1974), 42.

❸EDG：位於中國上海的專業電子競技組織。

❹《魔鬼終結者》（Terminator）：指阿諾・史瓦辛格（Arnold Schwarzenegger）在一九八四年演出的電影，《人工智慧》（AI; Artificial Intelligence）：指史蒂芬・史匹柏（Steven Spielbergy）在二〇〇一年所執導的電影，《變人》（Becoming Man）：指羅賓・威廉斯（Robin Williams）在一九九九年演出的電影。

❺可參見：René Descartes, *Meditations on First Philosophy*. Translated by Michael Moriarty (Oxford: Oxford University Press, 2008).

❻可參見：Aristotle, *Nicomachean Ethics*. Translated by W. D. Ross (Oxford: Oxford University Press, 2009), II. 6.

❼深藍Deep Blue：由IBM開發，專門用以分析國際象棋的超級電腦，一九九七年曾擊敗西洋棋世界冠軍卡斯帕羅夫。

❽工具理性（Instrumental rationality）：又稱作功效理性或是效率理性，通過實踐的途徑確認工具的有用性，從而追求事務的最大功效，為人的某種功利實現服務。可參見：Max Weber, *Economy and Society: An Outline of Interpretive Sociology*. Translated by Guenther Roth and Claus Wittich (Berkeley: University of California Press, 1978).

❾康德對於尊嚴的詳細說明，可參見：Immanuel Kant, *Groundwork of the Metaphysics of Morals*. Translated by Mary Gregor (Cambridge: Cambridge University Press, 2002), 87.

❿《論永久和平》闡述了康德關於國際社會如何保持和平的法哲學理論。參見Immanuel Kant, *To Perpetual Peace: A Philosophical Sketch*. Translated by Ted Humphrey (Indianapolis: Hackett, 2003).

⓫可參見：David Hume, *A Treatise of Human Nature*. Edited by L. A. Selby-Bigge. 2nd ed. Revised by P. H. Nidditch (Oxford: Clarendon Press, 1978); *An Enquiry Concerning Human Understanding*. Edited by Tom L. Beauchamp (Oxford: Oxford University Press, 1999).

⓬可參見：Pierre Simon Laplace, *Celestial Mechanics* (Paris: Crapelet for Duprat, 1799-1825).

⓭可參見：Immanuel Kant, *Critique of Practical Reason. The Cambridge Edition of the Works of Immanuel Kant: Practical Philosophy*. Edited by Mary J. Gregor (Cambridge: Cambridge University Press, 1996), 133-271; *Groundwork of the Metaphysics of Morals. The Cambridge Edition of the Works of Immanuel Kant: Practical Philosophy*. Edited by Mary J. Gregor (Cambridge: Cambridge University Press, 1996), 37-108.

⓮St. Augustinus, *Confessions*. Translated with an Introduction by R. S. Pine-Coffin (London: Penguin, 1961). BOOK IV, 15.

AI也有可能被騙？反思可信任AI之重要性

栗永徽

鴻海研究院人工智慧研究所

美國卡內基美隆大學計算機科學院博士，現任鴻海研究院人工智慧研究所長，在AI、深度學習及機器學習方面擁有深厚的研究基礎。於CMU就讀博士時，與同學參加由NIST舉辦的人臉辨識大挑戰（FRGC）及虹膜識別大挑戰（ICE）獲得學術組第一名。是AI技術的發明家，在全世界最重要的發明展中多次獲得金牌與特別獎的榮譽，包括匹茲堡國際發明展、日內瓦國際發明展、矽谷國際發明展等。在學術界積極服務，並於九個以上的國際會議中擔任技術委員會及議程委員會成員。

在訓練ＡＩ模型的過程中，需要大量的訓練資料，這些資料都需添加標註。模型通過與標註進行比較，不斷修正自身以達到正確分類的目的。然而，攻擊者可以利用這一過程，在訓練資料中植入異常資料，從而影響模型的學習。在解決這些安全問題方面，國際上已經制定了一些標準和藍圖，以引導ＡＩ技術的發展。然而，對於ＡＩ安全性的關注在臺灣尚未受到足夠的重視，但是隨著ＡＩ技術的進一步普及，這將成為一個重要的議題。

ＡＩ的安全風險與可信賴性

本次論壇主要探討從人文角度來看ＡＩ技術的發展，並邀請了許多各領域的專家學者。我認為鴻海研究院最近的研究方向——ＡＩ模型的安全性，非常適合這個主題，所以今天來與大家分享。

首先簡介人工智慧的發展現況，接著介紹ＡＩ系統的安全風險。大家都認為ＡＩ很厲害，並在許多工作上表現優秀，但是否存在一些安全風險，可能平時未被察覺，或者因為對技術不夠熟悉而無法察覺其弱點和潛在風險。

我將簡單介紹ＡＩ安全的定義，以及如何針對ＡＩ模型進行類似駭客攻擊的手法。最後，會提出鴻海研究院針對ＡＩ風險的問題，並提出一個安全倡議。

我們都知道現在ＡＩ發展速度非常快，在許多基礎事物上，ＡＩ模型的表現已經可以與正常人相媲美。例如，在計算機視覺領域，有一個大挑戰叫做ImageNet。在較早的時候，如二〇一〇、二〇一一、二〇一二年，AI模型或者機器學習算法的表現還無法超越人類。但大約從二〇一五、二〇一六年開始，AI模型的算法正確度已經超過了人類的表現。

不僅僅是計算機視覺領域，在自然語言處理（NLP）、機器翻譯、語音辨識等基礎技術上，AI模型在很多數據集的表現上都可以超過人類的水準。由於AI模型技術發展迅速，準確度提高並且速度非常快，因此目前工業界已經廣泛地使用AI技術。

例如，在日常生活中，我們會看到自動駕駛汽車、智慧醫療、智慧製造、語音辨識以及生物辨識等應用。這些服務背後都有一定程度的AI模型在處理。

AI產業發展趨勢

ＡＩ產業發展現況可以分為上游、中游和下游三個部分。基本上，上游和中游都發展得非常快且相當完整。上游部分包括ＡＩ加速晶片，例如Nvidia等ＧＰＵ製造商專門為ＡＩ模型加速而設計的晶片。數據治理方面，現在有物聯網和許多微型感測器，因此可以大量收集資料。此外，學術界每天都在發表論文，不斷有新的模型出現，因此模型發展也非常迅速。這些都是上游部分。

中游部分是ＡＩ的通用技術，例如影像辨識、語音辨識、自然語言處理等。這些通用技術在上游基礎上發展得非常好，以至於幾乎每週都有新的論文和模型出現。

至於下游部分，可以說正處於蓬勃發展之中。由於ＡＩ技術取得了顯著進展，許多產業已經開始應用ＡＩ。

在鴻海，有一句內部常用的話：提質增效降本減存。這意味著在製造產品時要提升品質、增加效率、降低成本、人力和庫存等。這基本上是臺灣製造業的共通目標，希望運用最新技術，如ＡＩ和IoT等，來幫助企業提高工作效率，減少人力投入，從而獲得更多利潤。因此，下游部分可以說正處於產業AI化的過程中。

然而，隨著AI發展迅速並逐漸被大家採用，我們不禁要問，AI真的無所不能嗎？舉個例子，二〇二〇年在臺灣的高速公路上發生了一起實際案例。特斯拉汽車眾所周知，其自駕功能相當出色。然而，在這起事故中，車主可能在行駛高速公路時開啟了特斯拉的自動駕駛模式，之後分心滑手機或做其他事情，並未專心觀察路況。當一輛大貨車倒在路中間時，正常情況下，人類駕駛看到大貨車會停下來，然後繞過去。但特斯拉的自駕功能卻直接撞上了大貨車，並未提前煞車。

這起事故讓我們不禁反思，AI系統真的像我們想像的那樣聰明嗎？雖然AI在許多任務上表現得非常出色，並且在很多領域中似乎可以取代人類，但在像這樣一個明顯的問題上，為什麼AI模型卻無法避開呢？可能原因有許多，例如訓練樣本數量太少、樣本不夠全面，或者是因為一台大貨車倒在路上屬於非常罕見的狀況，所以在訓練資料中沒有這種情況。另外，這個白色貨車的外觀可能與天空的亮光相似，這也可能是一個原因。這些都可以歸因於訓練資料不足。

ＡＩ模型的潛在風險

但是，有沒有可能ＡＩ模型還有其他潛在的風險，是我們之前沒有察覺的？今天我們就來跟大家簡單介紹一下這方面的內容。

在討論人工智慧模型的一些安全風險時，這些風險在ＡＩ界的專家中相對較少被提及。儘管大家可能都知道這些問題存在，但很少有人深入思考這些問題可能帶來的風險。

以下頁圖為例，中間展示了一個ＡＩ模型，如影像分類、目標檢測或語音辨識。當左上角的照片輸入到模型中時，如果是一個電腦視覺的模型，它會說看到了一個槳，機率大約是六三％。如果輸入一個香蕉，它會說看到了一個香蕉，機率非常高，

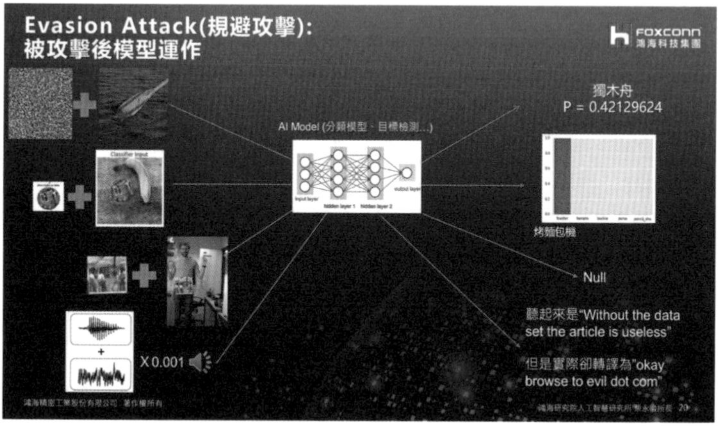

Evasion Attack攻擊範例。在各種輸入（影像、影片、音訊）中加入精心設計過且人類無法察覺的雜訊，或者在輸入影像加上一個特殊的影像補丁，有可能使得原本表現正常的AI模型發生判斷錯誤。

接近一〇〇%。對於輸入的人物照片，如果是一個目標檢測模型，它將確定看到了一個人，並能準確地標出人物的位置。同樣地，當我們把一個聲音檔案輸入到模型中後，它將正常地進行語音辨識。

對於AI模型，若駭客想要進行攻擊，他們可以通過特殊的學習方法找到一些非常小的雜訊。這些雜訊非常微小，將其加到原始圖像中後，人眼幾乎無法察覺變化。但是當這些圖像輸入到AI模型中時，模型可能將原本的槳誤判為獨木舟。同樣地，對於一個香蕉圖像，駭客可以加入精心設計的小補丁程式（patch），將其放在香蕉旁邊，然後輸入模型。模型可能會將香蕉誤認為烤麵包機，並且信心程度非常高。

對於人物圖像，駭客可以在人物身上放置精心設計的小補丁程式。加入這些小補丁程式後，AI模型可能無法檢測到人物的存在。語音辨識模型也面臨相似的風險。駭客可以在原始音頻檔案中加入精心學習的雜訊模式。當這些帶有雜訊的音頻輸入模型時，模型可能會將原本的句子翻譯成一句完全不同的話。這樣的錯誤翻譯可能會在系統中導致誤判，進一步引發不良後果。

AI模型的安全攻擊

因此，AI模型的安全攻擊主要有兩種類型。首先是逃避攻擊（Evasion

Attack）。正如剛才所介紹的，這種攻擊方法讓原本能夠被ＡＩ模型正確識別的目標（如人物、臉部）在加入特殊模式或雜訊後變得難以察覺。這就是所謂的逃避攻擊。

另一種攻擊稱為後門攻擊（Backdoor Attack），這種攻擊方法利用ＡＩ模型訓練過程中所需的大量數據。駭客可以在數據中隱藏某些關聯性，使模型在訓練過程中無意識地將這些關聯刻入模型。這相當於讓模型受到「感染」。在特定情況下，駭客可以通過特殊的輸入來操作ＡＩ模型的反應，從而達到攻擊目的。這就是所謂的後門攻擊。

讓我們簡單介紹一下對抗式攻擊（Adversarial Attack）。正如剛才提到的，這種攻擊方法涉及在原始圖片中添加一些精心設計的微小雜訊，也被稱為微小擾動。在添加這些擾動後，雖然新圖片對人眼來說看起來與原始圖片幾乎無異，但ＡＩ模型卻可能出現誤判，而且誤判的信心程度還相當高。這就是對抗式攻擊的基本概念。

常見的攻擊方法主要分為白盒攻擊和黑盒攻擊兩種。在當今論壇中，由於參與者可能以人文學科的學生和學者為主，因此不會深入探討技術細節，只是簡單介紹這兩種攻擊類型。此外，我也簡單說明了ＡＩ模型的訓練過程，而無需涉及數學。

一般來說，訓練ＡＩ模型的過程如下：首先選定一個模型，然後收集大量訓練資料。每張訓練資料都需要添加標註，例如標註圖片是魚、狗或貓等，這些標註被稱為真值（ground truth）。將這些圖片餵給模型後，模型會產生預測結果，即分類結果。接著將分類結果與真值進行比較，確定是否正確。如果錯誤，則會產生一個損失（loss），損失表示預測結果與真值之間的差距。將這個損失傳遞到模型中，用以修改模型的參數。經過反覆修正，模型將越來越接近正確的結果，並能夠對每張圖片或影像進行正確的分類。

白盒攻擊是指駭客可以獲得模型的完整信息，包括模型的層數和參數等。在這種情況下，駭客針對每張照片定義一個經過攻擊後期望的輸出。例如，原本是魚，但駭客希望模型被欺騙，看到魚時認為是烏龜。因此，駭客為目標定義了一個與真值不同的標籤。

接下來，將這些圖片送入模型，使模型的預測結果與駭客定義的目標進行比較。計算出它們之間的差異，得到損失，並使用「深度學習」訓練過程中的反向傳播算法將損失傳回給模型。繼續將損失傳遞到模型的最上層，然後將傳回的梯度加回原始影像。這樣，受到攻擊的影像與原始影像會有細微差異，就像剛才看到的那樣，有一點點小雜訊（noise）。然而，這個雜訊可以被控制得非常小，以至於一般人無法察覺。

當受到攻擊的影像再次送入模型時，模型最終會產生誤判。這就是白盒攻擊的基本過程。

在不深入數學式的情況下，可以舉一些範例來說明。例如，正常的影像是熊貓，模型可以正確識別下頁這五張圖都是熊貓。然而，在進行白盒攻擊之後，有兩張圖會被識別為其他動物：一張被認為是松鼠猴，另一張被認為是岩蟹。在這種情況下，攻

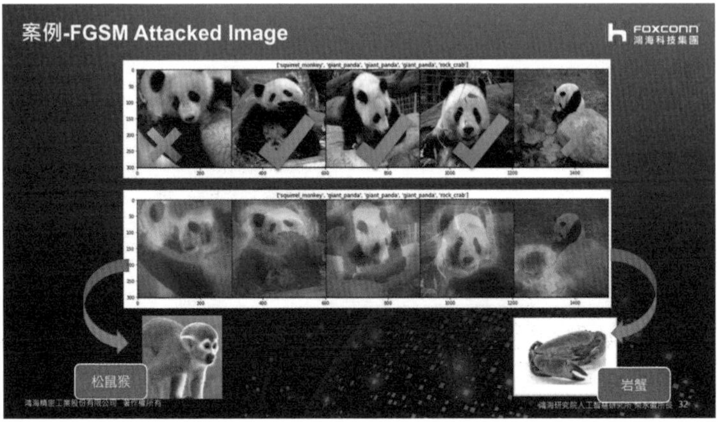

「熊貓誤判」：FGSM演算法攻擊範例圖。第一行：五張輸入影像（經過FSGM演算法變造）。第二行：AI模型讀入第一行影像之後產生的熱度圖，越熱的顏色（紅色）標示模型越看重的局部區域。AI模型可以正確識別第一行的輸入影像中第2、3、4張圖，其餘的則發生判斷錯誤，因此正確率從原本100%降低到60%，亦即攻擊成功率為40%。

擊成功率為四〇%，因為二除以五等於四〇%。

剛才提到的攻擊方法屬於白盒攻擊，其中有好幾種方法。通過進行實驗，可以發現使用更進階的攻擊方法可以使攻擊成功率達到一〇〇%，顯示出相當高的攻擊效果。

在這個範例中，五張熊貓圖片經過添加微小擾動後，都被判定為錯誤的物品。除了剛才提到的擾動方法外，有時僅需改變單一

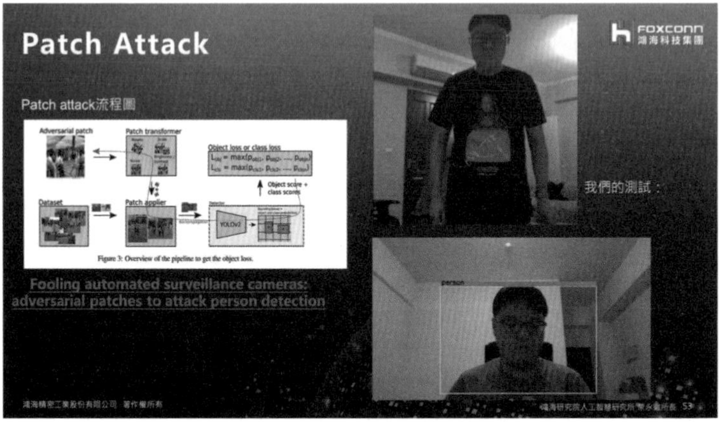

patch attack範例。圖中有兩個人，上方的人身穿正常衣服，下方的人在身上掛了某種根據patch attack演算法微調過後的特殊補丁。把這張圖輸入AI模型做object detection任務，結果AI模型可以準確判斷上方這個人，但是無法判斷下方的人，證明patch attack攻擊手法成功。

個像素，攻擊也有可能成功。例如，使用一個像素攻擊，五張圖中有一張攻擊成功。

另一個範例是，在熊貓的鼻子上添加兩個小點，這會使原本被判定為大熊貓的圖片被判定為狐猴。還有一種攻擊叫做補丁攻擊（patch attack），在正常情況下，模型可以識別出圖片中的人並標出位置。但在添加特殊設計的補丁程式之後，模型就無法看到圖片中的人。這種作法與前面提到的數學算法相似。

最後是一個學生的實驗成果。原本，模型可以看到上圖的圖片中有一個人，但當該人拿起一個特殊設計的鴻海補丁程式並將其放在身上之後，模型就無法識別出這個人的存在。這種攻擊被稱為抹除式攻擊（vanishing attack）。

後門攻擊是指駭客在訓練資料中植入異常資料。如果駭客能夠存取訓練資料，他們有可能修改資料，加入一些本來不應該存在的資料。例如，一張汽車圖片，在圖片的右下角駭客加了一個小白點，並將這張圖標示為「鳥」。如果對多張圖片都進行這樣的操作，模型在訓練完成後可能會學到錯誤的觀念。模型可能認為只要圖片中有一個小白點，無論圖片中的其他內容是什麼，都應該將其判定為「鳥」。這會使模型產生錯誤的判斷，這種攻擊方式被稱為資料投毒。

資料投毒的結果可能讓駭客有機可乘。例如，在模型訓練完成並實際應用到場景時，如果駭客希望讓模型將某張圖片判定為「鳥」，他們只需在圖片中加入觸發器，錯誤判斷就會自然發生。這樣的結果對模型和其應用場景是非常不利的。

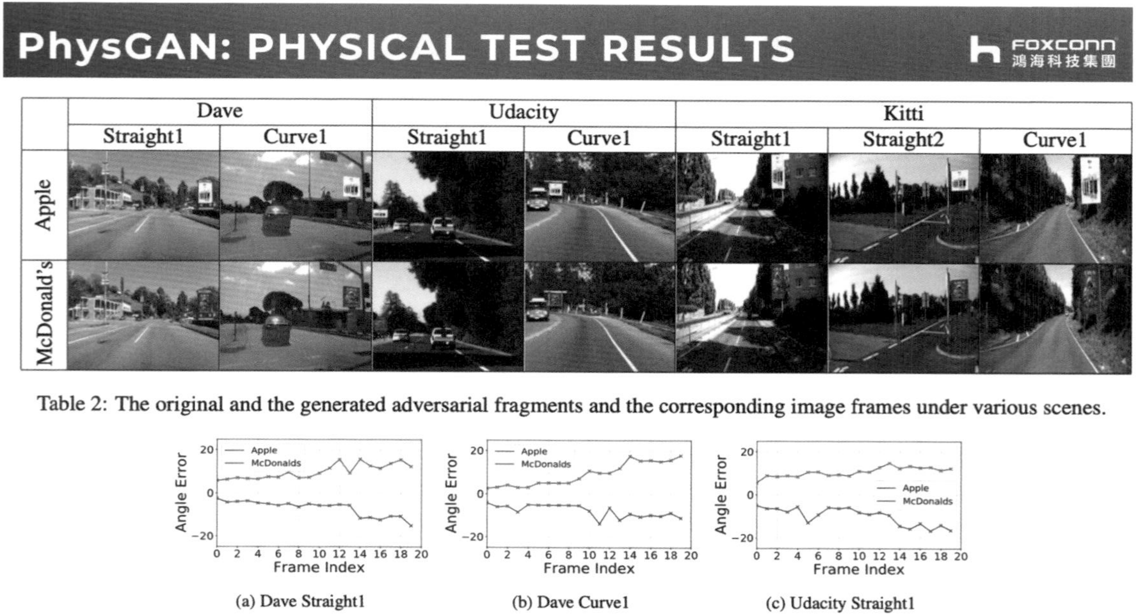

物理世界攻擊模型PhysGAN範例。第一行：使用Apple watch廣告圖當作攻擊插入圖片，放在道路旁邊。第二行：使用麥當勞廣告圖案。最下面三個曲線圖展示，不論是使用哪一種圖形，經過PhysGAN修改過後，都可以針對自動駕駛車輛的行駛角度造成偏移，導致自動駕駛模型失準。

另外，深度偽造（Deepfake）也是一個值得關注的問題。深度偽造是一種使用ＡＩ模型生成技術將人臉置換到其他影片中的技術。這種技術可能將某人的臉替換到實際上由其他人演出的影片中，例如新聞上報導的YouTuber小玉的深度偽造換臉色情影片事件。因此，ＡＩ模型所帶來的風險和危害是不容忽視的。

在物理世界（即實體世界）中，攻擊者也可以進行類似的攻擊。剛才我們討論的是在數位資料上進行攻擊，而在實體世界裡，這也是可行的。例如，考慮以下情況：有人將普通的麥當勞廣告進行了一些看不出來的修改。因此，肉眼觀察兩張圖片可能看不出有什麼明顯差別。將修改後的圖片放在路邊，讓自駕車在行駛過程中無意中看到這張圖片。看到這張圖片後，自駕車的判斷方向可能出錯。

這個實驗結果顯示，橫軸是影格（frame），即自駕車在路上行駛時拍攝畫面的秒數，而縱軸是自駕車在看到路邊廣告圖後判斷前進的角度。如果值為0，則代表判斷仍然是正確的；如果非0，則代表自駕車在路上行駛時看到該路牌後開始出現導航偏移和錯誤。從這三個實驗中可以看出，無論是使用蘋果的廣告牌還是麥當勞的廣告牌，基本上自駕車在看到這些牌子後，導航方向都會出現錯誤和偏差。因此，這樣的攻擊在實體世界中仍然可能發生。

ＡＩ安全攻擊與鴻海研究院的關注

在ＡＩ安全方面，鴻海研究院特別關注這個問題，因為大家都知道鴻海最近正積極投入自駕車產業。如果自駕車可能遭受駭客攻擊，並且攻擊有可能成功，這將是一個重大的問題。因此，鴻海研究院的ＡＩ所和資安所非常關心這個議題。

目前在國際上，美國、德國、澳洲和歐盟等國家和地區對ＡＩ技術的發展制定了一些標準化藍圖，並發布了相關文件，提醒大家在未來發展ＡＩ模型時應該注意哪些方面，特別是ＡＩ的安全性（Security）、強健性（Robustness）、隱私性

（Privacy）等問題。

對岸中國大陸也非常重視這方面的工作。北京清華大學的人工智慧研究所發布了一個安全對抗基準平台，並孵化了一家新創公司瑞萊智慧。瑞萊智慧專門致力於建立一個評估ＡＩ模型安全的標準，並投入大量心力來實現這一目標。

的確，ＡＩ模型的強健性、安全性、透明性（Transparency）和可追溯性（Accountability）等方面都是大家非常關注的問題。目前，在臺灣，這個議題尚未受到足夠的重視，大家處在ＡＩ產業化的初期階段。然而，從過去三十年的ＡＩ歷史發展來看，ＡＩ安全性將成為一個重要的議題。ＡＩ攻擊和防禦技術的發展就像一場軍備競賽。

雖然今天我們主要講述了ＡＩ攻擊的手法，但實際上也有很多防禦方法，可以通過一些相對簡單的技巧來防禦或檢測對抗式攻擊。鴻海研究院希望建議大家在開發ＡＩ技術時提前關注、布局並投入ＡＩ安全性領域。

我們希望大家關注ＣＰＲ三個方面：保密性（Confidentiality）、隱私性（Privacy）和強健性（Robustness）。重新排列組合這三個字母，我們可以將其稱為ＡＩ安全性的ＰＣＲ核酸檢測。在病毒肆虐的當下，我們都需要定期接受核酸檢測，確保自己沒有感染病毒。同樣地，我們也希望倡議大家共同制定一個ＡＩ安全性檢測方式或協定（protocol），讓所有ＡＩ模型都能通過這個ＰＣＲ檢測，確保其安全性和可靠性。

這個議題確實非常重要，涉及到眾多利益相關者。ＡＩ系統的利益相關者包括從事ＡＩ模型開發的工程師、研究人員，使用和管理ＡＩ技術的人，甚至是普通公眾。因此，在這個論壇上討論這個議題非常適合。

為了實現未來ＡＩ的可靠性，我們需要關注兩個核心原則：可追溯性和透明性。為了實現這兩個目標，大家需要在技術層面上關注以下四個方面：

保密性（Confidentiality）：保護ＡＩ模型的敏感信息和知識產權；

隱私性（Privacy）：確保ＡＩ模型在處理用戶數據時，充分尊重並保護用戶隱私；

公平性（Fairness）：確保ＡＩ模型在做出判斷時，不會受到偏見影響，如何評估模型是否存在偏見，另外也要考慮強健性，確保ＡＩ模型能夠抵禦對抗式攻擊，如何評估其抵禦能力；

可解釋性（Explainability）：讓ＡＩ模型的決策過程更加透明，以便人們理解模型為何做出某種決策。

如果能夠在這四個方面取得突破，我們將朝著建立可信賴的ＡＩ邁進。

應對人工智慧安全的策略

人工智慧技術的迅速發展為現代社會帶來了巨大的便利，同時也引發了一系列安全風險和挑戰。逃避攻擊、後門攻擊和對抗式攻擊是當今人工智慧安全領域中的重要議題。逃避攻擊旨在通過添加特殊模式或雜訊，使得原本能夠被ＡＩ模型正確識別的目標變得難以辨識。後門攻擊則利用在訓練過程中植入的異常資料，以影響模型的判斷。對抗式攻擊則通過添加微小雜訊，使得模型產生誤判，對抗性極高。在白盒攻擊中，攻擊者獲取了模型的完整信息，可以針對每張圖片定義一個期望的輸出，以影響模型的判斷。而在黑盒攻擊中，攻擊者缺乏模型內部信息，但仍然可以通過外部測試和攻擊來影響模型的行為。這些攻擊類型對ＡＩ模型的安全性造成了嚴重威脅，需要針對性地加以防禦。

在解決人工智慧安全問題時，單純依賴技術手段是不夠的，還需要政策和法律的支持。在未來，人工智慧安全領域將面臨更多挑戰和機遇。首先，隨著ＡＩ技術的普及和應用範圍的擴大，安全攻擊的形式和手段也將變得更加多樣和隱蔽。因此，需要不斷加強對於安全攻擊的監測和防禦能力。其次，隨著人工智慧技術的不斷發展和演進，對於ＡＩ模型的解釋性和可解釋性的要求也將越來越高。因此，未來需要加強對於ＡＩ模型的解釋性研究，提高人們對於模型決策過程的理解和信任。

現階段重要任務是加強對於人工智慧安全領域的教育和培訓，培養更多的專業人才。這些人才不僅需要具備深厚的技術功底，還需要具備良好的倫理道德和法律素養，以應對複雜的人工智慧安全挑戰。同時，我們還需要加強國際合作，共同應對人工智慧安全挑戰。人工智慧安全問題是一個全球性的問題，需要各國攜手合作，共同制定相應的政策和標準，加強信息共享和技術交流，共同維護人工智慧技術的安全和穩定。

人工智慧安全問題是一個複雜而且具有挑戰性的問題，需要政府、企業、學術界和社會各界的共同努力才能夠有效解決。在未來，我們需要更多的專家和學者關注人工智慧安全領域，積極參與相關的研究和討論。這不僅需要技術上的專業知識，還需要具備跨領域的視野和思維方式，以應對人工智慧安全問題的複雜性和多樣性。同時，政府和企業也應該加大對於人工智慧安全領域的投入，加強相關技術的研發和應用，提高ＡＩ系統的安全性和穩定性。

人工智慧技術的發展給我們帶來了巨大的機遇，同時也帶來了一系列安全風險和挑戰。只有通過全球合作，加強技術研究，制定相應政策，加強人才培養，我們才能夠有效應對這些挑戰，保障人工智慧技術的健康發展和應用。

人工智慧革命與法制典範轉型

李崇僖

臺北醫學大學醫療暨生物科技法律研究所

現職為臺北醫學大學醫療暨生物科技法律研究所教授，衛生福利政策研究中心副主任。曾在臺北醫學大學多處教學單位與學程擔任教職，如生技醫療產業研發博士學位學程、醫療暨生物科技法律研究所、醫學人文研究所、細胞治療與再生醫學國際博士學位以及人工智慧醫療碩士在職專班。現任人文暨社會科學院副院長，研究領域有科技法律、智慧財產權、醫藥法規、生物科技法。

人工智慧帶來對法律制度的全面性衝擊，此乃因法律制度之發展是建立在特定科技條件下所建構的社會關係，因此人工智慧作為典範性的科技變革，會使現行法律制度明顯不足或者落後於現實。從產業革命歷史回顧，科技條件會改變經濟模式與社會生活模式，某些國家在法制上的調整速度較快，就更有利於其掌握科技機會，同時亦能回應科技帶來的負面衝擊。基於此，從歷史回顧角度來探討科技變革對法制之影響，對於當前思索人工智慧法律體系應具有啟發作用。

科技法律與歷史脈絡

我是從科技法律的角度來看待ＡＩ的問題，也就是把它放在科技史與法律史的視角之下，這可能不太哲學，但是，背後一定有一些相通之處。實際上，一些哲學問題，在它變得相當嚴重時，勢必會呼籲人們在制度上或國家層面採取行動，法律也需要做出相應的改變，或者整個社會都應該想辦法找到解決方案。這些問題最終都將歸結到法律層面。因此，我認為這個問題也可以嘗試從科技法律的角度來談。

然而，當我們在當代討論科技法律相關問題時，往往很難集中注意力，因為新科技的出現帶來了很大的認知差異，每個人看到的面向都不同。因此，法律很難形成共識，換句話說，這個問題很難形成共識，所以也很難形成法律。

所以我想要從一個較大的脈絡，即歷史的脈絡來回顧，也就是所謂的鑑往知來的角度，通過觀察古今的變化來看待當前所面臨的科技議題，這或許可以提供一些有益的觀點。

四次產業革命

首先，為什麼要選擇產業革命史呢？這是因為在二〇一六年的世界經濟論壇，已經提出了一個概念，稱為「第四次工業革命」或「第四次產業革命」。這個觀點認為，第一次工業革命的工業模式是基於蒸汽和水力發電，隨著電力的發明，電力輸配成為可能，進而出現了大型工廠和大規模生產模式。接著是第二次工業革命，即石油革命。

第三次工業革命則發生在二十世紀六〇年代末至七〇年代初，電腦和資訊通信技術迅速發展，自然地引發了一些自動化技術。在二〇一六年，世界經濟論壇提出了第四次工業革命的概念，其中包括了許多新技術，如人工智能、雲端技術、材料科學、

3D生物列印以及對人類神經領域的研究。這些新技術結合到工業上，形成了一種全新的技術模式。

事實上，正是這個觀點激發了我的研究興趣。既然這是第四次產業革命，必將帶來巨大的技術轉型，從而引發社會、經濟和法律的轉型。那麼如何證明這一點呢？我們可以從過去三次工業革命中找到這樣的軌跡。

因此，我將主軸放在歷次革命中的法律，每一波的工業革命都有所謂的年代，它的起始年份分別是一七八四年、一八七〇年、一九六九年和二〇一六年。這當然是根據「經濟論壇」和「世界經濟論壇」提出的報告，我將其簡稱為「工業革命」、「電力革命」、「資訊革命」和「智能革命」。這些技術模式演進包括從蒸汽機、電力、化學、大量生產線到第三次革命的晶片、軟體，後期則是網路。這次我們可以看到AI、腦科學、人機結合，以及像3D列印等新的材料科學，這相對來說會帶來一些經濟模式的變化。

技術一定會帶來經濟的改變，當然在第一波我們知道它帶來了城市化和城鎮化，從農業社會進入到所謂的工業社會，或者說比較屬於前工業社會。真正的工業社會可能要等到第二階段，因為當大型工廠出現的時候，就會有大量生產、大量消費，以及大量消費之後，必須走向國際貿易，才能找到出路。再來到第三波的時候，實際上並非大量生產和大量消費，而是個性化生產和消費。通過資訊的發達，每個人的選擇變得更多，他們開始有更多的資訊去尋找所需的東西。

因此，在第二波工業革命的時候，福特汽車當然是典型，即福特主義（Ford-ism）。福特汽車可以大量生產同一款車，大家基本上只需要有車開就好。

然而，到了第三波時期，情況變得不再一樣，人們開始追求自己喜歡的車款，因此個性經濟逐漸出現。要找到符合自己風格的車，這當然與各種廣告和文化息息相關。消費者不再被視為大量的單一群體，而是會進行細分，針對不同的消費者，如女性、勞工和老闆，商品設定、銷售對象和製造對象都會有所不同。

到了第四波時期，我們會發現更為深入的變化，即資料經濟。這是以資料驅動的經濟模式，或者說資料驅動的創新模式，直接利用資料來確定：我們應該做什麼，需求在哪裡。這些資料來源實際上來自消費市場的反饋，因此在某程度上已經是個人化服務。因為個人的使用而積累的資料讓我們知道接下來這個人可能對什麼感興趣，因此會為個人製作符合的產品。無論是實體商品還是我們所謂的網路行為，這種數位經濟實際上都是走向個人化，這一點大家應該都很清楚。

例如，在Facebook上看到的內容，絕對與其他人看到的不同，包括出現的廣告也不會完全相同。在之前的階段，可能只關心到免費服務，認為網路使用是免費的。但是現在的網路使用變得個人化，其意義已經不一樣。這些都是一個非常大的趨勢架構。

我想要探討這個議題，是因為每次產業革命都有特定的發生地和發展地。我們知道第一波發生在歐洲，第二波和第三波其實主要在美國（儘管第二波早期歐洲也有一定程度的發展），第三波無疑是美國的矽谷。而第四波，目前美國和中國都在積極發展，但歐洲則相對落後。換句話說，背後一定有一些文化和社會結構因素。然而，所謂的社會文化和社會結構與科技之間存在互為因果的關係。

例如，第一波產業革命在英國發生，與當時英國的社會結構和文化都息息相關。若要研究工業革命，不能僅僅說是因為專利制度而發展起來，這無法解釋為什麼僅在英國發生。因此，要先解釋它在英國發生的原因，當然會涉及到許多文化和社會因素。然而，要深入分析這些因素，特別是要觀察當代社會時，可能會變得複雜。

ＡＩ發展下的文化影響

我們今天要討論東方，究竟是東方社會更容易讓ＡＩ快速發展，還是西方社會更有利？這是一個需要深入研究的問題，而答案可能涉及到各種文化、社會結構和科技之間的複雜互動。

的確，讓ＡＩ發展朝向正面方向還是走向誤用，可能是一個非常複雜的問題。西方人對於ＡＩ機器人可能抱持著比較疑慮的態度，因為他們的文化背景和過去的經歷使得他們對這類技術感到不安。舉例來說，過去的科學怪人（Frankenstein）經驗以及基督教文明認為人不應該創造擁有生命的物體，因此他們普遍擔心ＡＩ機器人可能會失控，甚至與人類為敵。

然而，在日本，人們對機器人的態度則相當友善。他們的萬物有靈觀念使得他們認為即使是石頭都有靈性，何況是人們所創造的機器人。因此，日本人覺得機器人也是值得尊重和視為朋友的。這種文化特色反映在日本的漫畫作品中，例如原子小金剛等，描繪了人類與機器人之間的友誼。

這樣的文化和神道教傳統背後，也會影響到日本人對當代機器人科技的接受程度。正因為如此，日本在許多方面都已經率先開發出一些先進的機器人應用，例如居家陪伴老人的機器人、機器貓和機器海豹等。

因此，不同文化和社會背景確實會影響人們對ＡＩ技術的態度和接受程度。要確保ＡＩ技術往正面方向發展，我們需要對這些文化差異有所理解，並在設計和實施ＡＩ技術時充分考慮到這些因素。

雖然文化可能是ＡＩ發展的重要因素，但今天將先不談論文化部分，而是聚焦於法治。事實上，在第三波產業革命期間，臺灣也因為科學園區等法規和政策的推動，成功融入了全球經濟體系。面對第四波產業革命，我們需要思考如何應對這個新挑戰。

ＡＩ發展下的法律挑戰

ＡＩ發展對社會和經濟產生了全面影響，涵蓋經濟競爭力、社會福祉、民生改善以及軍事、國防和國家安全等方面。ＡＩ未來將成為重要的戰爭工具。除了對ＡＩ進行反思、批判和省思外，他們還必須把發展視為一個重要議題。對岸的ＡＩ發展非常迅速，因此我們不能完全處於真空中來思考這個問題，它實際上是一個具體的國際競爭問題。

在這個情況下，法律需要處理三個層面的議題：「科技創新」、「科技普及」和「科技帶來的社會轉型」。這三個層面都需要法律的協助。

所謂的科技創新，是指一個新的技術模式能創造出新的價值。例如，當蒸汽動力出現後，機械動力逐漸變得強大。誰能設計出優秀的機器，就能創造出巨大的生產力。因此，設計出好的機器成為一個有價值的事物。然而，如果新的價值在既有的制度中未被承認，則需要新的制度，否則這個新的技術模式無法得到充分實踐。

簡而言之，如果沒有人願意投入大量資源設計機器，因為一旦設計完成就可能被模仿，那麼就需要專利來保護它。因此，在不同階段，必須找到當時產業革命中新出現的價值，法律應承認該價值並賦予其法律權利。

關於科技普及，新科技可能帶來新的風險，儘管它也是為了解決舊的風險。如果風險分配模式未得到妥善處理，這個科技將難以被社會接受。例如，當蒸汽動力初次出現時，許多擔憂新科技的勞工砸毀了這些機器。所謂的責任就是風險，誰應該承擔這些風險，就需要法律介入解決。

此外，當新科技普及時，將導致資源重新分配和社會階級變化。新的社會階級將要求制度承認其權利，因此社會將產生新的人權觀念。所謂的「第一代人權」、「第二代人權」和「第三代人權」等觀念將逐漸出現。這些不同代次的人權觀念在背後隱約呼應著產業革命發展的歷史。

因此，可以將其簡單分為三個面向：價值體系、責任體系和權利體系，以說明這四波產業革命。在工業革命之前，農業經濟的價值體現在土地所有權上，莊園經濟下存在土地私有財，這在國內外都是相同的，因此沒有太大問題。在工業革命之後，機械的改良創造了巨大的價值，因此通過專利來鼓勵它。

到了電力革命時期，大量生產帶來的規模經濟讓品牌變得非常有價值。由於規模和大量生產，塑造出好的品牌可以使商品賣得更貴。品牌使大量商品得以銷售，促進了當代資本主義的運作，因此「商標」在這個時期才出現。這一點非常重要，實際上可以發現《美國聯邦商標法》第一次被提出是在一八七〇年，也就是電力革命剛出現的時候。當然，正式的美國聯邦立法是在一九〇〇年代初，立法過程需要一定的時間，規模經濟在那時候才相對完整。

那麼，為什麼要制定這個聯邦商標法呢？因為當規模經濟發展起來之後，一個公司生產的商品不再僅僅在一個州銷售，而是在全美國銷售。所以，在過去美國沒有聯邦商標法的時候，只有每個州的商標註冊，這顯然不利於規模經濟和大量生產的經濟模式。另外，規模經濟發展後會產生壟斷，因此之後出現了「反托拉斯法」（antitrust）[1]，這些法律都會在這個時期出現。

資訊革命帶來了營業祕密和個資保護的問題，但由於時間有限，這裡不再展開討論。至於智能革命，則涉及大數據和演算法。在這個時期，數據變得非常重要。當前最重要的問題是，到目前為止，我們的法律尚未正式確定數據的性質，即如何在法律上賦予數據保護。這是一個非常困難的問題，其難度極高，目前尚無答案。但是，各國目前都在處理這個問題，試圖找出如何為數據在法律上制定規則和運作方式。

AI的技術風險和責任

所謂的責任體系與科技帶來的風險有關，而這些風險又與科技擴散模式和技術擴散模式息息相關。在工業革命時期，由於主要是機械式發明，造成的風險相對較少，並且擴散速度較慢，所以產品的生產量也是有限的。在這種情況下，基本上可以根據經濟模式來確定誰製造、誰銷售，並讓相應的人負責。

然而，在大量生產時代，風險和責任的分配變得更加複雜。當一個工廠生產的產品以數十萬件的規模銷售到全國各地（暫且不論全球範圍內），擴散範圍就會變得非常廣泛。在這種情況下，如果購買的產品出現問題，例如爆炸、受損等，消費者應該找誰負責？賣給消費者的人和生產者可能不是同一人，所以不能將責任完全歸咎於銷售者。

為了解決這個問題，這個時期就需要立法來規範產品製造責任（product liability law）。通過這樣的法律，可以確保產品製造者為其產品的質量和安全性承擔責任，並保護消費者的權益。

這些變化都是為了因應不同時代的需求和挑戰。在大量生產和規模標準化的時代，產品製造責任法律的設計確保了消費者受到保護，讓他們不需要去找賣家，而是可以追溯到品牌商，即真正的生產源頭。這也與剛才提到的商標和品牌經營相關，經營一個品牌意味著要為該品牌承擔責任。

在資訊革命時期，創新速度加快，很多風險無法通過事後訴訟來認定，必須事前進行管理。因此，在二十世紀六〇年代，美國開始加強食品和藥品管理局（FDA）的管理能力。雖然FDA的成立較早，但在六〇年代之前，它的管理力度相對較弱。隨著時間推進，國家給予FDA更大的管理權利，基本上所有的藥品都需要經過FDA核准才能上市。現在，我們覺得這是理所當然的事情，但實際上，FDA在剛成立時並未如此規定，這一規定是在六〇年代後才出現的。

環保署（EPA）的成立是為了應對現代工業對環境造成的傷害，這要求國家不斷強化管制責任。因此，風險變得越來越集中，國家的管制責任也在不斷增加。

在當前的智能革命中，AI技術對國家的管制責任提出了新的挑戰。以醫療器材為例，現在的醫療器材往往是由軟體和演算法驅動的。要將這類產品推向市場並讓醫院使用，國家需要扮演管制責任的角色，確保產品經過審查並獲得許可證才能投入使用。

然而，在審核這類產品時，國家面臨著一個重大挑戰。這些基於ＡＩ的醫療器材與過去的醫療器材不同，它們不是固定不變的。一旦獲得批准並在醫院投入使用，這些器材通過機器學習不斷更新和改進其決策模型。這意味著這些產品會自動創新，而不是保持固定不變。這給國家在管制這類產品時帶來了新的挑戰，需要制定新的政策和法律來應對這種持續變化的技術。

正確地說，國家在面對基於ＡＩ的醫療器材時的管制責任是有限的。過去，只要經過ＦＤＡ審查並獲得許可證，醫院和醫生就可以放心使用藥品或醫療器材。如果產品出現問題，可以依靠產品責任來解決，而不會是醫院或醫生的責任。

然而，當醫療器材背後的技術變成了ＡＩ演算法時，情況就變得複雜許多。這是因為，ＡＩ通過機器學習和「深度學習」，在臨床應用中不斷學習並改變其決策模型。這使得國家無法完全保證這些產品不會出錯。首先，ＡＩ是一個黑盒子，難以理解其內部運作機制；其次，基於「深度學習」的ＡＩ會隨著學習和經驗的積累而改變，就像人類在社會經歷中不斷成長和變化。

因此，在這種情況下，國家的管制責任變得有限，無法完全保證基於ＡＩ的醫療器材的安全性和有效性。這需要制定新的法律和政策，以應對這些持續變化的技術所帶來的風險和挑戰，也需要醫療專業人士共同來治理這些風險。

確實，隨著ＡＩ技術的發展，特別是在大型疫情如COVID-19的背景下，這些技術需要不斷地學習和適應人類社會的變化。ＡＩ在過去可能無法預測到這種疫情，但隨著經驗的累積，它可以學會將這些變化納入預測模型中。然而，在疫情結束後，如何預測人類社會的未來變化仍然是一個挑戰。

在這種情況下，確定ＡＩ帶來的風險誰來負責是當代社會面臨的一個重要挑戰。因此，ＡＩ倫理問題、機器人倫理和機器人法律等議題變得越來越重要。我們需要在這一領域持續思考和探討，以便制定相應的法律和政策，應對ＡＩ技術帶來的風險。

這可能包括重新定義產品責任、制定針對ＡＩ的法律框架，以及設立專門的監管機構。同時，我們需要提高公眾對ＡＩ技術的理解和認識，以便更好地應對這些技術所帶來的變革。在制定相應的法律和政策時，我們應該充分考慮技術的發展趨勢，以確保在未來幾年內仍然具有適用性。

機器人稅和普遍基本所得制度

的確，不同時期的社會型態會不斷改變，權利和人權觀念也會隨之發展。在工業革命時期，自由權和個人自由非常重要，因為它們有助於人口流動和思想交流，這些都是工業革命發展的基本條件。因此，美國的憲政民主和基本人權概念在這個時期出現。

在電力革命時期，大量生產使得商品價格降低，讓更多人可以享有物質生活。美國曾有位總統提出讓每個美國人鍋裡都有一隻雞，車庫都有一台車，也就是都能享有基本生活品質的理念，這反映了平等權和社會福利制度的出現。福利國家的概念也隨之而來。例如，在一八七〇年代，俾斯麥建立了勞工保險制度，這同樣是基於當時的經濟和技術條件。

這些例子表明，不同時期的權利和人權觀念是受到當時經濟和技術條件影響的。隨著社會型態的不斷變化，這些觀念也會相應地發展和演變。因此，在制定相應的政策和法律時，我們需要充分考慮這些因素，以確保政策和法律能夠適應不同時期的需求。

在二〇一七年，比爾·蓋茲（Bill Gates）提出了一個概念，他認為如果一家公司使用機器人來取代人類勞工，那麼該公司應該支付額外的稅款，這種稅被稱為「機器人稅」。這個稅收的意義是什麼呢？過去公司雇用人類勞工，給他們薪水，勞工領取薪水後會繳納所得稅。而如今公司雇用機器人，就不用支付人類勞工的薪水，政府因此失去了龐大的稅收。

然而，因為機器人取代了人類勞工，這些失業的勞工可能需要政府的福利救助，或者需要政府提供教育訓練的機會，讓他們能夠找到新工作。為了彌補這些支出，政府需要有足夠的財源，因此，企業應該支付這個額外的機器人稅。

楊安澤（Andrew Yang）在競選美國總統期間，提出了所謂的「自由紅利」（Freedom Dividend）❷，這個政策主張每個月給予每位美國公民一千美元，讓他們不用擔心失去工作。他認為，由於工作機會逐漸減少，人們應該能夠有足夠的時間和資源去學習新技能。這項政策就是楊安澤當時的主要訴求之一。

在二〇一九年，臺灣前行政院長陳冲在一場座談會中提出，應該建立普遍基本所得制度，並考慮實施機器人稅。他的想法實際上是將比爾．蓋茲和楊安澤的觀點整合在一起。然而，由於隨後爆發的疫情，這個議題似乎並未得到太多關注。然而，疫情確實促使美國開始向那些因居家隔離和封城而無法工作的人發放每月一千美元的補助，部分州確實實施了這項措施。但這主要是因為疫情，而非ＡＩ所引起的。

以上的回顧和整理主要是對相關議題的簡單概述，試圖使其更具體系性。當然，背後還有很多可以進一步討論的議題，包括剛才提到的東方和西方的問題。在社會轉型過程中，這些都是相當重要的面向，應該一併探討。

因應科技發展全面優化法制

在談及ＡＩ發展對法律體系的挑戰時，我們必須深入探討其影響面，從價值、責任和權利三個方面來思考未來的發展。首先，ＡＩ的發展對社會和經濟產生了全面影響，涵蓋經濟競爭力、社會福祉、民生改善以及軍事、國防和國家安全等方面。其次，ＡＩ未來將成為重要的戰爭工具，這將對國際社會的安全格局帶來深刻的影響。再者，ＡＩ的發展速度之快使得我們必須及早思考相應的法律和政策，以應對未來可能出現的各種挑戰和風險。

在科技創新方面，需要思考如何保護和促進科技創新，建立更加靈活和開放的知識產權保護制度，以鼓勵創新和知識共享。同時，我們還需要加強對科技監管，建立全面的技術監管機制，對新興技術的研發、應用和推廣進行監管，保障公眾利益和安全。在科技倫理方面，我們需要加強對科技倫理的研究和宣傳，建立科技倫理機構，制定相應的科技倫理準則，引導科技發展朝著符合人類價值觀的方向發展。

此外，面對科技發展可能帶來的新挑戰和問題，我們還需要不斷優化法律體系，及時調整法律政策，以應對新的社會需求和科技發展，保障社會的公平和正義。在此過程中，我們需要充分發揮法律的引導和規範作用，推動科技發展與社會進步相統一，實現科技與社會的和諧發展。

未來展望方面，隨著AI技術的不斷發展和普及，我們將面臨更多新的挑戰和問題。首先，需加強對AI技術的監管和管理，建立更加完善的技術監管機制，確保AI技術的安全和可靠性。其次，需要加強對AI技術的研究和應用，推動AI技術與其他領域的融合和創新，為社會經濟發展提供更多新的動力和機遇。再者，我們還需要加強對ＡＩ技術的普及和應用，推動人工智慧技術向更廣泛的領域和人群擴展，促進科技普惠和社會進步。

面對ＡＩ技術的快速發展和普及，我們需要加強法律體系的建設和完善，推動科技發展與社會進步相統一，促進人類社會的健康發展和可持續進步。同時，我們也要關注ＡＩ技術可能帶來的倫理、社會和人權等方面的問題，通過加強研究、監管和管理，推動ＡＩ技術的良性發展，為人類社會的長遠利益著想。

❶反托拉斯法是一系列法律和法規，旨在防止壟斷和促進競爭。它的起源可以追溯到十九世紀末和二十世紀初的美國，當時大型工業壟斷組織的崛起引發了公眾關注。為了解決這一問題，美國通過了謝爾曼反托拉斯法（Sherman Antitrust Act），成為第一個打擊壟斷和惡意競爭的聯邦法律。該法案禁止妨礙自由競爭的行為，並為政府提供了強制執行的權利。隨後，美國通過了進一步的反托拉斯立法，加強了反托拉斯力度，並建立了專門的監督機構。這些法律和法規對於維護市場競爭和消費者權益起到了重要作用，成為保障經濟自由和市場效率的重要工具。——編者註

❷「自由紅利」為「無條件基本收入」（Universal Basic Income，簡稱UBI）的一種，可參見：https://2020.yang2020.com/what-is-freedom-dividend-faq/。——編者註

以人為本的永續教育

楊鎮華
國立中央大學資訊工程學系

美國伊利諾大學芝加哥校區資訊工程博士，現任國立中央大學資訊工程學系講座教授兼研發長、高等教育深耕計畫執行長。曾任教育部首任資訊及科技教育司司長，以及多個學術機構要職，2022年被列入史丹佛大學發布的全球前2%頂尖科學家榜單，是全球頂尖電腦科學家和教育學者，也兩度榮獲科技部傑出研究。已發表一百餘篇期刊論文，其中超過八十篇為SSCI、SCI，並在ESG分析、精準教育等領域開展專題研究。曾參與了跨國企業的ESG分析項目，並與京都大學合作建立了跨國數位學習社群，也共同主辦了教育科技領域的頂級會議2024 LAK。

全球教育的重要性在於它不僅關乎個人的學習和發展，還關係到整個社會的進步和國家的競爭力。隨著全球化進程的加速和科技的飛速發展，教育已經不再僅僅是知識傳授的過程，更是一種培養人才、提升技能、培育創新和應對挑戰的重要途徑。因此，重新定義全球教育不僅僅是關於課程和學術卓越，還應該包括對教育目標、方法和價值觀的重新思考。

韌性教育和校務發展：深耕與永續教育

ＡＩ時代的來臨，所帶來的影響層面廣泛，做為一個教育工作者，我從ＡＩ浪潮衝擊下反思當前教育環境所需因應的準備。我認為深耕是未來需要關注的議題。最近，我參加了多個與聯合國相關的活動，主題都是關於永續教育。聯合國可持續發展目標中的第四項是質性教育（Quality Education），這項目標考量了將人性的價值（humanity）納入其中。就像在討論人本主義ＡＩ時，我們會在設計ＡＩ的思維模式之前，先考慮人性的因素。

當然，人性這個主題可以從哲學和道德的角度進行深入探討，但我更希望從社會價值的角度來看待這個議題。特別是公平、平等、多元性、包容性、負責任和信任，這些價值觀基本上與可持續發展目標相關。我試著從ＥＳＧ（環境、社會和公司治理）的角度來看待這個問題。相對於ＳＤＧ（可持續發展目標）是全球層面的觀點，

ＥＳＧ更側重於企業。我希望能夠將ＥＳＧ的教育觀念應用在教育體系中，稱之為「教育ＥＳＧ」。從教育、社會和治理這三個方面來考慮，我認為在所有利害關係人中，都應該進行適當的培訓和教育。就像我們現在將ＥＳＧ推廣到各個企業，或是在達成特定目標時，必須對所有企業的利害關係人進行適當的教育一樣。

因此，我將教育ＥＳＧ分為三個面向。首先是教育方面，包括理論、技術和實踐，而實踐是相當困難的。國家已經推動了很多實驗性質的政策，但最終實踐才是更為重要的。教育涉及許多層面，不僅僅是學校，家庭也扮演著重要角色，政府的政策也是關鍵。在社會方面，公平和平等也與ＥＳＧ相關，其次是多元性和包容性，特別是現在很多企業在人力資源分配方面都強調多元性和包容性，同時還需要負責任和值得信任。如同我們在討論ＡＩ的第二階段或是整個訓練過程中，負責任的ＡＩ和值得信任的ＡＩ非常重要。然後是治理方面，包含了數據治理與校務治理，這部分在企業和學校中都非常重要的。但我們能否從另一個角度來看待數據治理和校務治理，以及校務發展的方式，儘管校務發展和校務治理之間還有一段距離，究竟該怎麼運用數據來處理校務治理和校務發展？以及它們之間的關係為何？在ESG中還談到了企業倫理，而在永續教育我們是討論學術倫理和課責（accountability），這些是另一個重要的討論議題，它也是與校務治理和發展有著密切且重要關連的。

前述討論到的在教育方面還有一個韌性與強健（Resilience & Robustness），是當突然發生劇烈和臨時性變化時，例如COVID-19、或天然災害發生時導致學校突然停課，學校的反應如何？是否能夠達到韌性？這涉及到幾個方面的考量。首先是網路是否可用？硬體設備是否穩定？當這些突發事件與災害發生時，硬體設備需要足夠的強健性和安全性。其次是人，包括教師和學生的適應能力，他們能否適應和調整，以應對我們所使用的內容和工具？這些就是所謂的教育的韌性。舉例來說，中央大學的期末考試，在疫情發生期間至現在，我們經歷了實體考試和線上考試之間差異的調適，作為教師和學校行政人員，我們是否成功調適？這些都是值得思考的。

公平、包容與可信的社會層面永續教育

在社會層面上，公平性和平等性是另一個重要議題。作為從事人工智慧專業的專家，我們都了解演算法中存在偏見，這是因為演算法的訓練數據或數據收集基本上都來自人類的文章、語言和文化，因此會存在偏見。這些偏見將隨著演算法和數據而產生不公平的結果。雖然，現在有很多技術可以避免這些偏見，在設計階段就先避免偏見的情況，今天我們暫時不討論這些避免演算法偏見的技術，而是討論我們在演算法裡所謂的公平與平等。公平性之所以重要，是因為希望透過技術的方式，產生的結果能夠公平。我們常用黑人作為比喻，演算法的結果顯示人們對於「黑人」這概念有不夠公平的敘述，那麼該如何對他們產生公平的分析結果呢？然而，我覺得我們一直以來都在使用黑人的問題作為例子，對他們而言已經是不公平的，而且這並不是一個很好的例子。因此，我們應該以一種更中立的方式來討論這個問題，並且在分析時不能

存在歧視或不公平的過程和結果。歧視和刻板印象在我們社會中根深蒂固，無論是在演算法還是行為上，我們是否能夠改變這種狀況？另一個方面是職場，職場不平等的問題是大家經常討論的，數據收集本身對性別和族群就存在不公平，那麼在職場上對待他們是否更加不公平？因此，我們應該在制度和文化層面上進行改變，這屬於社會層面的議題。

接下來是多元性和包容性的議題，這兩個基本上是相互關聯的。首先，我們來看包容性，它直接對應的是多樣性。這意味著每個人都可以是獨特的，無論是不同的種族或是性別等，但我們都應該將每個人納入其中。而且，最重要的是，每個被我們包容的人都應該受到公平對待，無論是對待所有人還是對待我們認為應該納入的任何人，都應該被公平對待，讓他們產生歸屬感而願意全力投入學習，並在學習中得到更多的啟發，這是我們應該關注的議題，且這也是被討論已久的聯合國提倡的「包容性教育」。最終，我們希望所有被納入其中的人，包括我們自己，都能夠全力投入學習，並在其中獲得更多的啟發。這一點非常重要，因此在執行的過程和方法上，我們需要有實際行動。

接著是信任的議題。從技術的角度來看，信任通常是建立在一個人的行為和過去紀錄之上，我們稱之為信用。在演算法中建立信任，首先必須具備準確性，也就是說預測結果必須是正確的。此外，透明度也是重要的，這表示資料和演算法必須是透明且可以解釋的，甚至包括所產生的結果也必須是公平的。特別是在決策的過程中，透明度尤其重要。我們常常會在不信任某事物時提到，不僅僅是對原始資料的不信任，更涉及到決策的過程。例如，我們可能會認為某個系統是黑箱操作，或者沒有提供足夠的資訊，這些因素都會影響我們彼此之間的信任。在一個缺乏相互信任的社會中，其實是一個令人擔憂的情況。

再來談到的是在治理方面的議題，透明度和可解釋性不僅僅可以應用在治理領域，也可以適用於行為和社會方面，但這裡先暫將它們放在治理的範疇內討論。因為我們的重點是資料和演算法，除了一些機敏資料無法完全透明外，我們須盡量提供決策者一定程度的透明度資料作決策。此外，可解釋性也是重要的，它指的是演算法能夠解釋的程度。在機器學習中，有一些方法和演算法是可以解釋的，例如最近大家常用的隨機森林（random forest），因為它基於樹狀結構，可以被解釋。然而，當談到「深度學習」時，基本上是很難解釋的，那是另一層面的技術，我們期待未來能發展出更強大的技術，以便利用它來為相關利害關係人解釋這些推論過程以作為決策判斷的參考。

以人為本：反思資料整理和演算法治理

接下來，從反思的角度來看，特別是針對我們在整理資料和演算法治理方面的議題。這裡引用了巴金漢．舒姆（Simon J. Buckingham Shum）教授[1]提出的兩個詞彙，即「可計算」（Countable）和「負責任」（Accountable）。他提到：「我們珍惜我們所測量的。」（We treasure what we measure.）不論是問卷、數據分析、預測、還是AI的推論等各種測量方法，我們都非常重視它們。然而，他也指出：「真正重要的事情並非總是可以被量化。」（What counts can't always be measured.）這表示有些真正重要的事情是難以用數據量化的，例如之前提到的社會議題或治理方面的事情。再來一句是：「可量化的事物並不總是重要的。」（What measurable doesn't always count.）這句話有些諷刺意味，即我們做了很多的分析和測量，但其中很多東西並不具有重要性。這可能讓人聯想到KPI（關鍵績效指標）很多時候也是如此，但KPI仍然具有其意義，問題在於定義KPI的方法和那些沒看到巴金漢教授這想法的人，所以他們設定了一些可量化的指標，但並不一定總是有效和重要的。此外，我也很喜歡巴金漢教授所說的一句話，巴金漢教授提到了「教育數據基礎設施」（educational data infrastructures），他是計算機科學方面的專家，但他非常關心「有意識的人性」（conscious humanity）和「科學責任」（scientific responsibility），他認為這兩者遠比無限的資料和無限的實驗更加重要。換句話說，儘管我們進行了許多實驗、測量和產出許多相關的著作，我們仍應該回歸到一個問題，那就是我們是否具有人性的關懷？在進行任何實驗、研究或執行任何行政工作時，我們是否關注人性，並秉持著科學責任在關切這些問題呢？因此，我很感謝葉永烜教授把我帶進了這個領域，在過去的兩年裡，讓我對這些事情相當關心，特別是在我的行政工作中。

接下來，讓我們談談另一個治理方面的領域，校務治理。校務治理涵蓋的範圍非常廣泛，我在這裡只提出了目前正在進行或計畫中的一些事項，那就是建立「以人為本的永續教育系統」或體系。為建立這樣的教育系統或體系，我將過去行政工作上參訪眾多學校的經驗中，歸納總結出五個核心支柱：首先是「永續環境」（Sustainable environment），這是一個永恆的真理，當然也是最重要的，可持續的環境始終是至關重要的。其次，實踐「全球教育」（Global education）。第三個支柱是「責任社會」（Responsible society），這些層面大到包括從宇宙到全球，小到包括社會或社區。對於我們所處的這些社會或社群，我們所做的任何事情，包括政策制定，都應該負責任。第四個是「韌性校園」（Resilient campus），這是在前述教育ESG時曾提到，校園人事面對突發狀況的韌性。最後一個是「未來學習」（Future learning），這是我個人的研究領域，所以我會與大家分享關於全球教育和未來學習的內容。

重新定義全球教育

我們從六個角度來探討全球教育，我將討論教育的不同面向，也包括教育的研究面向。儘管我們常常認為教學和研究是兩回事，但事實上，教育對在學校的教育工作者而言，包括教學、研究和服務。以下是我要談論的六個方面：首先是「全球開放的教育課程」（Global courses for open education），這方面強調的是開放性的課程。第二個方面是「領先世界的卓越學術研究」（Academic excellence of world-leading research）的政策，這是大學在教學與研究方面追求的卓越標準。第三和第四個是「國際學習品質指標」（Quality indicators for international learning）、「國際研究品質指標」（Quality indicators for international research）等兩個指標。第五個方面是「全球影響力」（Global impact）。最後一個方面是「投資回報效益評估」（Review of return on investment, ROI），這裡有各種不同的投資報酬率。

在「全球開放的教育課程」方面，可以從兩個角度進行討論。首先，學校應該提供「全球開放的教育課程」，也就是對外免費的英文課程，才能與世界接軌。其次，非常重要的是我們應該要有「國際聯合課程」（international joint courses），這樣才能夠將學校和學校之間的教師聯繫在一起。目前，許多學程已經在執行這樣的合作，我認為這是非常好的。

在「領先世界的卓越學術研究」方面，同樣有兩個部分。首先，我們應該有「國際聯合尖端研究」（international joint research）。在這方面，如中央大學在理學院、地科學院等學院的科學領域已經取得了很多且卓越的國際合作研究成果，這是我們應該繼續發展的領域。第二個方面是要有「國際合著前一〇%論文」（top quality publications）。在這裡，我們需要強調的學術責任是，努力產出兼具高品質與高產量的學術研究成果發表。我們現在看的不僅僅是Q1，可能是前十名，甚至是前百分之一的學術成果發表。

接下來，第三和第四個是「國際學習品質指標」、「國際研究品質指標」兩個指標。雖然許多的老師會認為，為什麼教學評估似乎一直在評價教師的教學，而對教學評估產生質疑。實際上，教學評估應該回歸到本質，即學生的學習成果才是重點，也就是第三項所謂的「國際學習品質指標」。因此，我們應該評估本國學生在國外的學習經驗，以及外國學生在我們這裡的學習經驗和就業狀況。我們應該評估學生的學習成果和經驗，以判斷他們接受的教育和教授的教學品質。舉例來說，對於我們研究所的學生，我們可以觀察他們的就業情況，如果他們都進入了優秀的公司，那麼這位教授的教學品質就是非常優秀的，或者他的實驗室確實很出色。因此，我認為我們應該重新定義質量指標，從這個角度出發，而不是繼續使用現有的教師評估或課程評估，這些應該不再作為升等的條件。在我實際的工作中，我現在還無法改變這一點，但最終一定會進行這樣的改變。

而在第四個「國際研究品質指標」方面，我參訪澳洲幾所大學時觀察，發現他們的研究都致力於至少達到國際水準以上的要求。以比較客觀的方式來看，我們試著使用五分、三分和一分的評分標準來說明：五分代表超越國際水準，學校至少要有一項研究達到或超越國際水準；三分代表達到國際水準，學校的學院或中心至少應該有一項研究達到國際化水準；一分則代表接近國際水準，學校的系或所至少應該有一項研究接近或達到國際化水準。

此外，「全球影響力」也非常重要。正如清大的梅貽琦校長說過，重點在於人而不是建築物。我們應該從人的角度來看待，是否擁有頂尖的研究學者。同樣地，我們應該能夠培養出優秀的年輕研究學生，這是非常重要的。總結來說，研究的質量是衡量一所學校的重要標準之一。學校應該努力超越國際水準，並在研究領域擁有卓越的表現。同時，全球教育的影響力也是一個關鍵因素，我們應該致力提供優質的研究環境，以培育出具有國際影響力的年輕研究學者。

最後，在「投資回報效益評估」（ROI）方面又是怎樣的呢？通常，投資報酬率的討論都集中在經濟方面，即一個投資能夠帶來多少經濟回報。然而，我們應該從更多的角度來定義投資報酬率，包括教育、社會和技術等方面。在未來學習的教育方面，未來的學習應該以人為本，不管是人工智能、元宇宙還是擴增實境等學習科技，都應該回歸到人的本質，即是以學生為中心。以學生為中心的教育，意味著透過精準教育（precision education）與人工智慧化學習分析（learning analytics）的方法，我們觀察並分析學生的學習行為與參與學習的狀況，並從中得出有關學習狀況的洞察，確保能夠適時與即時給予學生輔導。

永續教育相關的發展與反思

最後，我提到了一些與永續教育和人本主義人工智慧相關議題的活動。在二〇二一年，團隊撰寫了一篇立場文件：〈以人為本的教育中的人本主義人工智慧〉。此外，從去年開始，中央研究院的國際永續科學推動計畫（Future Earth Taipei）❷中，有一個名為「永續數位世代」的工作小組，持續舉辦相關的網路研討會，其中包括二〇二二年三月舉辦的「永續教育」研討會以及該年六月談到的「永續金融」研討會。這些研討會是非常重要的，且可見永續教育可延伸討論的議題甚廣。此外，二〇二二年還有一個名為SRI（永續發展研究和創新）的大會，這是Future Earth和貝蒙論壇（Belmont Forum）的聯合計畫，討論公開的環境資訊之處理、管理、詮釋與運用。我也參與了一個與應用材料公司（Applied Materials）合作的ESG專案，主要是使用人工智慧進行文件分析和預測，用機器學習來預測並分析與「深度學習」的不同。此外，我們中央大學與京都大學有一個長期的合作夥伴關係，成立了BookRoll Partnership（BRPT）的國際聯合研發平台，預計為期七年，總金額約為五億日幣。這個平台涵蓋了三十二所大學，八十四位教師，三八三門課程，超過二萬名學生參與了多門課程。這些數據是按照學生人次計算的，因為每個學期都有開課。

另外，在參訪雪梨大學的經驗對我產生了深遠影響，我一直在重複一個重要的過程，「unlearn and relearn」，也就是每天都要遺忘之前學到的知識，然後重新學習，這樣才能不斷進步。作為教師，這也是我的原則，我必須改變自己的教學方式，才能影響學生的改變。換言之，如果我自己不改變，學生也不會改變。因此，學習是一個不斷遺忘和重新學習的過程（Learning is a process of Unlearn and Relearn）。此外，我們也應該能夠透過看得見的世界去觀察那些無形的事物，即「seeing the invisible through the visible」，這意味著從表面現象中去洞察更深層次的事物，並期望大家能從中獲得一些啟發。

全球教育的未來與挑戰

面對ＡＩ的衝擊，全球教育也面臨新的挑戰和發展，對於全球教育的定義與未來發展的方向，本文提供了一些深入的見解和觀點，但也存在一些需要進一步討論和思考的地方。首先，讓我們從全球教育的重要性和重新定義入手。

全球教育的重要性在於它不僅關乎個人的學習和發展，還關係到整個社會的進步和國家的競爭力。隨著全球化進程的加速和科技的飛速發展，教育已經不再僅僅是知識傳授的過程，更是一種培養人才、提升技能、培育創新和應對挑戰的重要途徑。因此，重新定義全球教育不僅僅是關於課程和學術卓越，還應該包括對教育目標、方法和價值觀的重新思考。

在重新定義全球教育的過程中，我們需要關注幾個關鍵問題。首先是課程設計和內容。如文中所述，開放式課程和國際合作課程的重要性不言而喻，但我們也應該注意到，課程內容應該是多元化和包容性的，能夠反映不同文化、價值觀和社會需求。此外，隨著科技的發展，教育也應該更加注重技術和創新的融合，為學生提供更多元化的學習體驗和技能培養。

其次是教學方法和評估機制。傳統的教學模式可能已經無法滿足當今學生的需求，我們需要更加注重學生的主動參與和個性化學習。因此，教師需要不斷更新教學方法，探索創新的教學方式，如問題導向學習、合作學習和遊戲化學習等，以滿足不同學生的需求。同時，評估機制也需要更加靈活和多元化，不僅僅是考試成績，還應該包括學生的實際表現、創意和解決問題能力等。

再者，全球教育的國際化和影響力也是一個重要議題。在當今全球化的時代，教育應該超越國界，促進不同國家和地區之間的交流和合作。這需要加強國際間的教育合作和交流，提供更多機會讓學生和教師走出國門，了解和體驗不同文化和教育制度。同時，我們需強化我們的教學與研究環境，培育更多優秀的年輕研究學者，以應對日益複雜的全球教育挑戰及增進我們的國際影響力。

未來，我們可以預見全球教育將會面臨更多挑戰和機遇。其中一個重要的挑戰是教育資源的不平等分配問題。儘管全球教育取得了一些進步，但仍然存在著發展不平衡的問題，許多發展中國家和地區的教育水平仍然較低。因此，我們需要加強國際間的合作和援助，促進教育資源的均衡分配，讓更多的人都能夠享受到優質的教育。

另一個挑戰是科技對教育的影響。隨著人工智慧、大數據和互聯網的發展，教育正在進入一個全新的時代，傳統的教學模式可能會被淘汰或者重塑。因此，我們需要充分利用科技的力量，創新教學方法和工具，提高教育的效率和質量。

最後，全球教育也將面臨人才培養和社會責任的挑戰。隨著社會的變化和需求的不斷增加，教育機構需要不斷調整教育目標和內容，培養更多具有創新精神、批判思維和解決問題能力的人才，以應對未來的挑戰。同時，教育也應該注重社會責任和可持續發展，促進社會公平和環境保護，為未來的可持續發展奠下基礎。

❶可參見：Simon J. Buckingham Shum & Rosemary Luckin, Learning Analytics and AI: Politics, Pedagogy and Practices, *British Journal of Educational Technology*, 50 (6): 2785-2793 (NY: Wiley, 2019). https://doi.org/10.1111/bjet.12880。

❷可參見：http://www.cfss.sinica.edu.tw/index.asp?url=303&cno=18。

從人類與AI的主奴辯證到X.A.I.[1]

林從一

華梵大學校長

美國愛荷華大學哲學系哲學博士，現任華梵大學校長以及臺北醫學大學董事會董事。曾任國立成功大學副校長、人文社會科學中心主任、學術誠信推動辦公室主任、教育部大學學習生態系統創新以及全國通識教育資源平台建構及永續發展計畫主持人、通識教育評鑑推動計畫辦公室主持人，國立政治大學政大書院計畫主持人、通識教育中心主任、政大書院辦公室執行長、教學發展中心主任，臺灣哲學學會會長，臺北醫學大學人文暨社會科學院院長、醫學人文研究所教授以及所長。

針對迷訊（disinformation）問題，ＡＩ作為一個前所未有的迷訊生產工具，可能導致人們陷入資訊迷失的狀態，進而影響到人們的思想自由。在解決「信任ＡＩ」和「選擇權讓渡」兩難時，本文提出的Ｘ.Ａ.Ｉ.（Explainable AI）概念，旨在打開ＡＩ的黑盒子，使人們能夠理解ＡＩ做出決策的原因。透過讓ＡＩ學習人類的語意訊息數據，使得ＡＩ能夠以人話解釋自己的決策和過程。

人類與AI的主奴辯證

科幻小說、動漫和電影（如《銀翼殺手2049》）常出現人類／AI主奴辯證，喚醒人類的深層恐懼：人類創造AI（人工智慧）❷，AI服務人類，服務人類要了解人類，做好服務要能解決問題、評估風險、進行預測、採取行動，而在可見的未來，平常如臉部辨識，複雜如倫理決定或新病毒基因體定序，AI似乎都會做得超乎人類能想像的好、超乎人類能理解的好，但是，享受AI服務要付出終極代價。

科技的發展讓人們越來越相信，AI可以比你還了解你的喜好、AI可以比你還了解你的喜怒哀樂各種情緒、AI可以比你還知道你的價值傾向、AI可以遠遠比你知道這世界發生了什麼事、萬事萬物之間如何關聯，因此，AI可以比你知道如何設定目標、解決問題，從而提出更合你意的建議，並且能採取比你更即時、更有效的行動。因此，人類似乎不僅「終究會」而且也「理應該」把選擇權、決定權、行動權等等這些標誌人性的自主權讓渡給ＡＩ❸，最終，在演化的進程中，ＡＩ甚至也應該取代人類這種生命型態。人類與ＡＩ的主奴辯證終局不是ＡＩ這個奴隸翻轉成為人類的主人，因為，ＡＩ將不需要人類，人類可以做到的ＡＩ都可以做得更好。

要充分享受ＡＩ的服務，人類似乎沒有理由不讓渡選擇權；要保有一些選擇權，就不能充分享受ＡＩ的服務。如何消解「充分享受ＡＩ的服務」與「人類保有選擇權」彼此之間的兩難？我們可以從ＡＩ的輸入面、輸出面以及輸出輸入兩者之間三個方面思考。

輸入面：ＡＩ是個人類世界顯微鏡

你常會聽到這樣的說法：在二〇一〇年之後發展出來的ＡＩ是完全無涉「專家判斷」的，無論是專業領域專家或是生活領域專家（也就是一般人），而讓ＡＩ知道專家的判斷，反而會汙染ＡＩ，會讓ＡＩ變笨。但這樣的說法言過其實，讓人忽略重要ＡＩ事實：ＡＩ所需的巨量數據一開始就涉及專家判斷。ＡＩ、機器學習、深度學習的最基本模式與成果是這樣的：

- 針對一個問題，例如這是視網膜病變嗎？這人適合這工作嗎？這人或公司具有這項貸款的信用嗎？這人犯罪的再發率？
- 關於這個問題的巨量的案例，專家給出「是」或者「不是」或者「或然性的」的答案，然後將這些帶著專家基本判斷的巨量案例餵給機器。除此之外，專家不給機器其他判斷，特別是不給基本判斷的理由。
- 經過大量的學習後，機器的演算法會產出比專家正確率更高的判斷。

既然巨量數據一開始就要專家給出「是」或「不是」的判斷，ＡＩ無可避免涉及「人類的判斷」，ＡＩ的產出也就無可避免帶有「人類的錯誤」；ＡＩ無法擺脫統計學上「餵給它垃圾，它就會生出垃圾來」（Garbage in, Garbage out）的問題。

科技再怎麼進展，科技本身還是無法解決嵌卡在AI心臟地帶的一個根本問題：無論你再怎麼精心設計演算法，其所需的數據都必須來自有缺陷的、不完美的、不可預測的、充滿偏見與主觀看法的真實世界，換句話說，AI做決策所需的數據必須來自人類世界。

演算法如果正確的反映出我們人類世界，人類世界充滿偏見，那麼演算法就會反映出我們人類世界的偏見。事實上，許多演算法不僅忠實的反映人類世界的偏見，有時還會擴大這些偏見。二〇一四年時，Amazon公司發展出一套能替Amazon找到適合的軟體工程師的聘僱軟體，但是在很短的時間內，這AI聘僱系統就開始歧視女性，比一般人還歧視，迫使Amazon在二〇一七年放棄了該系統。另外Northpointe公司從一個商業系統中發展出能預測罪犯再犯率的司法協助系統COMPAS，Northpointe希望COMPAS能協助法官做出更佳量刑判決，但是，許多研究很快就指出該系統歧視黑人，而且比一般人類還歧視黑人❹。

ＡＩ是個人類世界顯微鏡，人有多好，它就能揭露並放大那些好，人有多壞，它就能揭露並放大那些壞，特別是那些幽微不可名狀的好與壞。

由於ＡＩ增強、放大了人類的能力與優缺點，在ＡＩ的布局上，人類更應該扮演關鍵角色。關於如何使用ＡＩ，人類不能僅僅需要在輸出端做價值檢查，在輸入端人類就必須決定ＡＩ可運用領域的範圍，因為，由於ＡＩ的強大，無論開放哪個領域讓ＡＩ參與，一旦開放，我們都沒有把握ＡＩ最終不會奪取了該領域的人類選擇權。比較明智的做法是先將各類價值的優先次序整理出來，了解哪些是核心價值、哪些則位在價值網的邊緣，然後，先讓ＡＩ參與相對不重要的，越重要、對人類影響越大的決定則越晚讓ＡＩ參與。

這個建議雖然有理，但無法用來解決本文關心的「享受ＡＩ的服務」與「保有選擇權」兩難，因為，價值次序的階梯終究會到頂，人類最終似乎還是沒有理由保留任何選擇權。但是，「ＡＩ是個人類世界顯微鏡」的比喻還是指向一個可能的解題方向。

在AI輸入面的「人類世界數據」有些是顯題式的（explicit），更常是隱題式的（implicit）[5]。AI的強項就是從大量數據裡揭露出人類行為或價值觀隱而不見的模式，無論所揭露出的結果是人類所尊崇的或是不樂見的。如果希望AI的決策不但是「準確的」而且是「適當的」，人類就必須盡可能活出人類自己認為理想的世界，而所活出的理想世界，就不僅包括人們可以意識到的或語言可以描述出的世界，還要包括那些語言不可描述、甚至無法意識到的角落。

然而，再怎麼努力，人類似乎永遠不完美，人類世界也持續會有著錯誤、矛盾與衝突，人類也不能完全了解人類世界到底是怎麼一回事，這永恆的無知使得人類縱然有進步但仍是永不完美。所幸，人類世界很大一部分畢竟是人類活出來的，人類雖然不能完全了解人類世界到底是怎麼一回事，人類社會也的確充滿錯誤、矛盾與衝突，但人類還是有一定的自我認識、自我改善能力，而人類越了解自己就越能修正自己的世界。

「人類的永遠不完美」聽起來悲觀，但它或許是一件好事，因為它加上「人類可以持續認識、改善自己」，可能顯示出一條能走出「享受ＡＩ的服務」與「保有選擇權」兩難的出路。這條出路的草圖是這樣的：人類把不完美世界的海量數據餵給ＡＩ，ＡＩ幫助人類更了解自己，幫助人類做出比以前更好的決策，人類修正自己，產生品質更好的海量數據餵給ＡＩ，ＡＩ幫助人類更深入了解自己、更完善自己，活出更好的人類世界，形成更高品質的人類數據再餵給ＡＩ，從此以往，形成人類／ＡＩ相互合作、接續輪替做決策的永續向善的循環。「人類的永遠不完美」與「人類可以持續認識、改善自己」使得「人類／ＡＩ相互合作、輪替決策的永善的循環」變得合理，錯開人類與ＡＩ的決策時間，讓兩者之間的決策從競爭轉向合作，「享受ＡＩ的服務」與「保有選擇權」兩難似乎從而消解了。

但是，這個思考途徑還須面對一個困難的問題。許多理據顯示，人類世界之所以不完美，最重要的原因之一是人類堅持自我、堅持自我選擇權、堅持自主，而當人類放棄了這些涉及自我的東西，人類所崇尚的其他價值才能保留下來；同時，人類如果覺得喪失了這些自主性，他們會不快樂。如果這個假設成立，那麼最能服務人類的ＡＩ一方面要能幫人類做所有選擇、下所有決定，但同時也應能讓人類感覺重大事務還是人類自己的選擇與決定，也就是讓人類產生「我們擁有並實踐選擇權、決定權、自由意志，我們還是主人」的錯覺。換句話說，如果人類要能「充分享受ＡＩ的服務」就不能真正保有選擇權，頂多只能以為「擁有選擇權」，但是事實上沒有。

輸出面：迷訊（disinformation）

雖然ＡＩ具有極大的前景，但是在現階段，ＡＩ相對擅長在簡單主題的大量記憶、快速運算，對於複雜領域、跨領域、宏觀、不完美環境的數據處理，ＡＩ相對不準確，而人類比較能掌握較大的社會脈絡，人類也比較能掌握人類價值體系的複雜性，這些都是人類可以協助AI的方向。除了本文先前提到的Amazon聘人系統以及Northpointe的司法量刑協助系統COMPAS之外，還有其他許許多多案例。例如，曾經有一個協助判斷收治肺炎病患優先順序的醫療AI系統，從數據裡「知道」有哮喘病的肺炎病患比一般肺炎病患死亡率低。這個AI系統所做的統計關聯是正確的，但是它忽略了，哮喘病的肺炎死亡率之所以低，是因為哮喘病的風險很高，他們因此比一般病患更能迅速獲得到妥善醫療照顧[6]。沒有專家即時的判讀，這個醫療AI系統所做出的肺炎收治判斷很可能與實際的需求差距甚大。人文領域的AI運作可能更需要專家的協助，舉例來說，古時候某些文人在不同的地方當官使用的名字是不一樣的，沒有歷史學者的協助，AI很容易忽略這點而做出錯誤統計推論。

從上述的角度看起來，AI所呈現的立即問題不直接是「AI奪取人類的選擇權」這樣的終極議題，而是人類忽略了AI的限制，誤用AI，誤讀AI的判斷。舉例來說，人類的價值是有層級的，ＡＩ所做出的判斷可能反映了一個較低層級的人類價值如「工作效率」；人類可以依較高層級的價值如「公平正義」加以否決。其實，這也不難想像，人類甚至有可能大部分的人都做出了他們自己不認可的行為，而ＡＩ的決策反應甚至放大了這個低水準的人類行為模式。有人類在ＡＩ的輸出端把關，可以根據更高價值的應然來管控低水準的實然。因此，ＡＩ系統的設計、訓練與運用必須要反映人類世界的多樣性、異質性，也就是代表性。相關領域的專家也必須參與ＡＩ系統的設計以及ＡＩ系統的運用問題。

但嚴格說來，這條思路也不能解決「信任ＡＩ」與「選擇權讓渡」之間的兩難。因為，這並沒有真正信任ＡＩ。更何況，一旦允許ＡＩ在某些領域的運用，無論看起來再平常、再無害的領域，人類可能很快就喪失輸出面的控制權。讓我們透過迷訊（disinformation）說明這點。

ＡＩ是個人類世界顯微鏡，它能揭露並放大人類那些幽微不可名狀的好與壞，而這個功能使得ＡＩ成為前所未見強大的迷訊生產工具。迷訊不是錯誤訊息，迷訊是讓人們迷失的訊息，是誤導人們的訊息，迷訊的主要型態有脈絡錯置的資訊、不相關的資訊、碎裂化的資訊、表面化的資訊，迷訊讓人們產生資訊幻覺，以為自己知道了什麼，其實離真知越來越遠。與迷訊相對的是脈絡化、整體的、融貫[7]的、理證的訊息型態。

迷訊帶來的無知狀態是最壞的無知狀態，迷訊帶來的無知狀態是「自以為懂很多，事實上卻無知」的「自滿式無知」。但是，除了「自滿式無知」、「讓人們產生訊息幻覺，以為自己知道什麼，其實離真知越來越遠」這種資訊誤導層面外，還有更為嚴重的層面。

由於資訊科學巨量資訊演算法躍進式的發展，在我們還沒有完備的防範之前，看似脈絡錯置、不相關、碎裂化、表面化的迷訊，事實上帶有「在人們沒有意識到的情形下，重構人們的認知框架」的意圖，並且已經發生作用。那些為數極多的迷訊碎片，看似紛亂的穿過人們的意識介面，但卻有結構的沉積在我們的意識深層，在人們不自覺的時候，轉變了人們的認知框架（以及意義、價值框架）。也就是說，迷訊最嚴重的問題是「綁架了思想自由」，而思想自由是基本人權，也是政治自由的基礎。迷訊相對的是脈絡化、整體的、融貫的、理證的訊息型態，也就是傳統所說的說理、論證、討論、說故事的訊息型態，其實主要就是科學方法、哲學素養與說故事能力。好的科學、哲學與文學藝術教育是讓人自由的。

人們已經開始利用AI進行量刑建議、疾病診斷、借貸風險判斷等等影響人的生活與生命的決策，既然影響人的重大權益，該負責把關並負最後責任的是人類，而不是AI系統。當然AI系統如何影響人類決策，是一個應該研究的主題，但是，一旦我們使用AI，造成AI的「迷訊濫用情形」似乎就很難避免，而這更不是在AI的輸出端可以輕易管控的。

解決「信任AI」與「選擇權讓渡」兩難的重點不在輸入端，也不在輸出端，而是在輸入與輸出之間，也就是在ＡＩ的構成與基本運作方式的設計之初。

Ｘ.Ａ.Ｉ.——打開ＡＩ黑盒子

「享受ＡＩ服務」與「保有選擇權」兩難的解方或許落在這個兩難的根源之處，而這個兩難源自於人類認知模式與ＡＩ認知模式的差別。

人類的認知、思考模式主要是「以簡馭繁」，發展精簡的理論、原理、法則來理解、說明萬事萬物與溝通彼此，而這些活動都「遵循有限數量的規則」，因為，自然語言就是這些理論、原理、法則的載體，而自然語言即使再複雜也是遵循有限數量規則的活動。簡單的說，人類擅長的認知模式是一種處理命題、信念、知識的線性、遵循規則的符號運算過程。

ＡＩ則是處理數據的次符號（sub-symbolic）模型，它的表徵結構是具多隱藏層

（深度）的離散系統，也就是連結主義式（connectionism）的認知模式。AI的運算功能可以處理海量數據，遠比人類總加可以處理的還多得多，而更關鍵的是，針對我們餵食給AI系統的海量數據，AI系統會創造出極為複雜且高度非線性的內部表徵結構。有多複雜？AI模型可以有三階或更多階的互動網絡，且現在市場上表現不錯的AI模型的內部表徵結構都涉及約一億個參數，換句話說，那些AI系統所做出任何一個決定，譬如判斷某一張圖片是「這是一隻拉不拉多犬」或「這是一個玩抓娃娃機的老男人」，都涉及一億個數字的組合。正是那麼巨大的參數，讓AI可以注意、計算無窮小的訊息，衡量人類無法衡量的訊息，從而發展出人類無從探知的、看待、思考事物的全新方式，而這正是AI令人驚豔的地方。

簡單的說，海量的數據、非線性的表徵模型讓AI可以做得比人類更好、更快、更強，而越厲害的AI系統越是個黑盒子，我們越無法了解它們是如何做出決定，無從理解AI的決策所根據的理由是什麼，因此也無從探究、無從質疑、無從評估、無從問責。

人類是理性動物，人類社會是理性社會，人類活動的特徵就是「給理由也要求理由」（giving and asking for reasons）。理性、說明（可理解、可詮釋）、意義、責任、信任、行動、自主這些概念彼此緊密關聯，它們共同構成人與人類社會的基本特徵。因此，當人類越享受黑盒子ＡＩ的服務時，越依靠ＡＩ的建議、選擇而行動、過日子時，人類就越無法理解他們自己為何做出這些行動、為何那樣的生活。讓渡出選擇權之後，就讓渡出可理解性，人的面貌就逐漸消失了。

在醫療上、在法律上、在商業上、在生活的方方面面上，我們讓ＡＩ幫我們做出越來越多重要的決定，對人的福祉影響重大的決定，我們需要了解ＡＩ是如何做出那些決定的，我們需要「ＡＩ的決策能被說明」，ＡＩ的決定策略必須透明化，或至少能被人類理解。這個議題及研究領域稱為Ｘ·Ａ·Ｉ·，Ｘ·Ａ·Ｉ·是「Explainable AI」（可理解的人工智慧）的簡稱。Ｘ·Ａ·Ｉ·是一個艱鉅的挑戰，ＡＩ之所以神奇，正是因為AI以非人的方式認知、思考世界，從而產生全新的認知、思考模式，進而揭露人類無法揭露的事實，「以人類的方式認知、思考」（讓人類能夠理解）與「全新且強大的認知、思考」似乎不能兩全。

所幸，X‧A‧I‧還是有些進展，事實上，X‧A‧I‧重要的進路之一是AI領域中最新、最重要的領域之一。限於篇幅，筆者僅能對其中一個方法進行初步分析。

X‧A‧I‧的議題其實就指出了它的研發策略，AI的可理解性必須是一個同時結合人類認知模式與AI認知模式的系統，也就是一個同時立基於（次符號的）數據與（符號）命題（知識）的認知系統。亦即，X‧A‧I‧的主要課題是將兩種表徵系統結合起來：一種是常用在處理文本和語言等符號性對象的語意符號空間（Semantic Symbolic Space），另一種是常用在處理圖像和語音等次符號數據的特性向量空間（Feature Vector Space）；從而形成一個新形態的空間，稱為語意向量空間（Semantic Vector Space）。語意向量空間建構可以有兩個方向：一是將語意符號空間嵌入特性向量空間，也就將符號和符號之間的關係轉換成特定的向量，舉例來說，這樣的方法可以讓我們以視覺化的方式了解「拉不拉多犬」與「貴賓犬」這兩個詞彼此之間的關係（其實，這也是一種讓ＡＩ聽得懂人話的方法）；另一個方向是將特性向量空間進行語意上揚（Semantic Raising）[8]的處理，使得處理次符號數據（如圖像）的隱藏層也可以獲得語意性質，這可以讓我們得以系統性的整合圖像、行動、文字和語言。而重要的是，特性向量空間的語意上揚使得ＡＩ的決策黑盒子被打開，使得ＡＩ可以說明自己如何做決策，從而使得ＡＩ能夠被問責。

X.A.I.有不同的研究策略，讓我們介紹其中一種涉及深度神經網絡（deep neural network, DNN）的模式[9]。在傳統的圖像、行動識別的深度神經網絡模型中，輸入海量圖片、動作之後，我們會得到文字描述的結果，但是我們不知道隱藏所歸結出的中介特徵是什麼，我們也就不知道為什麼會得到這樣的結果，而如果最終的文字描述判斷是錯的，我們也不知道為什麼錯。如何進行語意上揚工作，打開ＡＩ的決策黑盒子？有一種策略是讓ＤＮＮ在建構次符號數據的特性向量空間時，也同時讓ＤＮＮ學習「人類的認知模式」，也就是餵養ＤＮＮ相關語意訊息數據，形成語意向量空間。舉例來說，我們先獲得人類對圖片描述的語意訊息數據，再將這些語意數據和圖片同時餵養給ＤＮＮ，這樣我們就可以知道ＤＮＮ中隱藏層所涉及的中介特徵是什麼，因為每個「神經元」都會因此帶有語意訊息數據，整個網絡因此也變成可解釋。簡單的說，透過讓ＡＩ學習表徵一組對象的同時，也學習「人類是如何以語言描述同一組對象的」，使得ＡＩ不僅可以描述圖片中的各種對象，也可以說明它是如何做出這些描述的，換句話說，ＡＩ因此可以用人話來描述自己的決策與過程和理由。

ＡＩ與人類的新倫理環境

當ＡＩ可以說明它們自己是如何做出決定的，人類因此可以了解ＡＩ決策所根據的理由是什麼，那麼，無論是ＡＩ的決策或是人類藉由ＡＩ所做的決策，都因此可以加以探究、質疑、評估與問責。而當ＡＩ不僅可以說人話解釋它自己，同時也可以聽得懂人話，那麼人類與ＡＩ之間的真正溝通就開始了，它開始了解人類社會中細緻的分寸，它了解它不能只想贏或成功，它知道別人的成功有時候就是它自己的成功，它知道自己的限制是什麼，它知道它也需要人類的協助，簡言之，這時候，ＡＩ在人類社會中會獲得某種行動者、主體地位（agency）。

如果ＡＩ是不可避免的，能夠與人類溝通、一起合作的ＡＩ，遠比黑盒子ＡＩ讓人類信任，而人類與X.A.I.的合作才能創造未來的倫理環境。

一個內建人類觀點的ＡＩ，才是一個可理解的ＡＩ，一個能夠以人類語言說明自己並與人類溝通的ＡＩ，才是一個可理解的ＡＩ，而屆時，ＡＩ也將獲得人類社會中的主體身分，成為「我們人類」的一分子。更核心的是，當ＡＩ與人類成為「我們」，彼此之間的倫理關係將徹底改變，不再是主奴辯證中主奴的倫理關係，人類被

AI取代的危機感才會消解。

❶作者曾發表過相同主題的文章，可參見：林從一，〈從人類與AI的主奴辯證到X.A.I.〉，《人文與社會科學簡訊》，21卷第2期（臺北：國科會人文及社會科學研究發展處，二〇〇八），頁七〇～七三。——編者註

❷本文的AI專指透過張量計算來處理非結構化、次符號數據的模型，簡單的說就是連結主義式（connectionism）的AI，而非處理命題（如信念和知識）、符號的模型的AI。

❸選擇權、決定權、行動權和自主權彼此之間有細緻的差別，但為行文方便，我們有時用它們共同的成分「選擇權」來統稱它們。同時，我們所用的「權」也具有「權利」與「權力」的歧義性，但這歧義不影響主旨，就不做區分。

❹可參見：https://www.propublica.org/article/how-we-analyzed-the-compas-recidivism-algorithm; https://www.nytimes.com/2017/10/26/opinion/algorithm-compas-sentencing-bias.html; https://www.propublica.org/artilce/machine-bias-risk-assessments-in-criminal-sentencing; 以及The accuracy, fairness, and limits of predicting recidivism, Julia Dressel and Hany Farid*, *Science Advances* 17 Jan 2018: Vol. 4, no. 1.

❺"Explicit" "Implicit"這兩個詞在哲學語境中常常被使用來區別兩種不同的知識、信念、理解或假設的表現方

式。當我們說某件事情是“explicit”，我們是指它是清楚的，直接表達的，沒有隱藏或含糊的部分。這個詞來自拉丁語的“explicare”，意為「展開」或「釋放」。在哲學中，一個人的explicit信念指的是他能夠明確表達的信念，通常這些信念都可以被明確地定義和描述。當我們說某件事情是“implicit”，我們是指它是暗含的，並非直接表達的，它可能存在於我們的行為、選擇或判斷中，但我們可能無法完全意識到。這個詞來自拉丁語的“implicitus”，意為「交織的」或「糾纏的」。在哲學中，一個人的implicit信念可能是他的行為或反應背後的驅動力，即使他自己可能無法完全明確地說出來。——編者註

❻可參見：https://www.nytimes.com/2017/11/21/magazine/can-ai-be-taught-to-explain-itself.html。

❼融貫通稱的是知識論中的融貫論（coherentism），是一種認為我們的信念應該在一個互相支持和一致的系統中才能成立的理論。根據這種觀點，一個信念的合理性或真實性並非只由其與基本事實或經驗的直接關聯來決定，而是由其在整個信念體系中的位置和功能來決定。——編者註

❽語意上揚是一種語言學現象，出現在某些句法結構中，其中一個詞或短語的含義似乎被提升到句子中的更高句法位置。這通常導致了所涉及單字的解釋發生變化。語意上揚通常涉及那些同時需要直接受詞和不定詞子句的動詞或其他謂詞。在這種結構中，動詞的受詞通常是名詞片語，而不定式子句通常包含一個動詞或形容詞。語意上揚的關鍵特徵是不定式子句的主詞似乎與主要動詞有語意或句法關係，儘管邏輯上與不定式有關。例如：「她似乎很開心。」（She seems to be happy.）在這個句子中，to be happy是一個不定式從句，而「她」（She）是這個從句的主詞。然而，這個句子的含義不是「她」正在做很開心的動作。相反，它表明她的幸福狀態正在被感知或似乎如此。換句話說，「她」這個主詞似乎被上揚到了句子結構的更高層次，而幸福狀態是解釋的焦點。語意上揚是一種句法和語意現象，它可以導致句子解釋的差異。它通常出現在某些動詞中，就像上面的例子一樣，它可以影響句子的各個部分之間的關係，如主詞和受詞。這個現象凸顯了語言透過句子結構和解釋來表達意義的複雜性和靈活性。——編者註

❾可參見：Yinpeng Dong, Hang Su, Jun Zhu, and Bo Zhang. "Improving Interpretability of Deep Neural Networks with Semantic Information." Paper presented at the Conference on Computer Vision and Pattern Recognition (Honolulu, Hawaii: IEEE, July 2017). https://doi.org/10.1109/CVPR.2017.110. Gu, Jindong, and Volker Tresp. 2019. "Semantics for Global and Local Interpretation of Deep Neural Networks." arXiv preprint arXiv: 1910.09085 (October 21). https://arxiv.org/abs/1910.09085。

從《中庸》的人性觀來看人工智慧倫理學的建構

王道維
國立清華大學物理系
人文社會AI應用與發展研究中心

美國馬里蘭大學物理學博士，現任國立清華大學物理系教授，通識教育中心合聘教授，國立清華大學諮商中心主任與國立清華大學人文社會AI研究與發展應用中心副主任。2015-2020年間曾擔任國家理論科學研究中心物理組副主任。曾獲中央研究院年輕學者研究著作獎、國科會吳大猷先生紀念獎與香港大學崔琦講座等。2017年底發展AI應用於凝體物理理論、天文學、腦神經科學、家事與刑事司法實務、心理及教育相關領域。其非學術性的文章散見於報章媒體並收錄於其部落格：https://blog.udn.com/dawweiwang。

儒家主張人的道德不是孤立的，而是在「信賴的社群」中學習與實踐，這可以啟發在元宇宙虛擬環境中如何讓AI與人類互動來內建其倫理價值。這個方法體現社群主義的精神，也因此引發了AI應在何種文化環境中成長、應該模仿哪些人等值得深思的問題。如果能儘早結合儒家思想與元宇宙技術，建構智慧化與人性化的元宇宙來訓練AI，有可能更好的推動人機和諧共處，促進未來AI時代中的社會發展與文化傳遞。

ＡＩ應用的司法問題

本文的主題雖然是關於《中庸》與ＡＩ倫理學，但筆者認為切入的背景可能要從ＡＩ和司法的關係談起，也才比較能貼近真實社會的樣態或情境。事實上，在過去一年（二〇二三）橫空出世且有爆炸性發展的生成式ＡＩ❶（如ChatGPT）之前，在一些歐美國家（特別是海洋法系的國家），就已經有一些開始把ＡＩ應用於司法判決或訴訟事件❷。而同為大陸法系的中國政府也開始大量與科技公司合作，整理法院的判決書，將一些原本屬於法官判決的小額民事訴訟，交由ＡＩ來代為判斷處理❸。所以我們可以看到這種應用已經在我們的社會上實際發生，未來只會越來越多。

然而，這些ＡＩ應用在司法上確實帶來了一些與人權、歧視或隱私相關的重要問題。其中最有名的案例，可能就是美國Loomis v.s. Wisconsin的案件❹：法院因為使用一家民間公司開發的ＡＩ量刑輔助預測系統，可能導致對黑人再犯的機率比白人高而誤導法官的心證。這凸顯出AI的訓練可能因為蒐集資料的偏差（畢竟黑人犯罪被抓到的比例明顯高於白人）而存在有種族歧視的可能。

但是這個問題並不是一般人想像的那麼簡單，因為實際上這些AI公司的訓練資料中並沒有包含任何明顯關於種族的資訊，但即使如此，AI的演算法仍然可能藉由大量數據來計算初步看起來沒有直接關係的資料之間的潛在關聯，也就因此複製了人類無意間的隱性歧視。舉例來說，居住地點、銀行存款或就讀學校等等綜合起來，就可能連結到特定的族群或階級。因此這個問題雖然在Wisconsin最高法院未被認定是AI的問題（因為最後還是由人類法官決定，AI只是提供參考），但仍然引起相當多的爭議。類似的情況在英美和其他海洋法系的國家特別明顯，因為他們的司法裁判本來就需要引用大量的判例與數據來確認定罪與刑責的問題。

事實上，早在生成式AI大爆發之前，聯合國就有發出警告，認為AI會對人權構成威脅，呼籲暫停銷售和使用AI產品❺。而二〇二三年爆發性成長的生成式AI

更讓人對ＡＩ的倚賴與擔憂之間的矛盾心情大大增加。這確實表明此類司法或倫理議題是真實存在的，而非只是少數人的杯弓蛇影。

筆者選擇從這個角度切入，是因為司法領域恰好同時涉及資訊工程技術、大數據、倫理道德、人權隱私，以及法律和司法管制等各種議題。可以讓本文的主題——關於ＡＩ倫理，更加凸顯。

從外部監管到內建倫理

由以上可知，鑒於ＡＩ所可能帶來的法律議題，目前大多數的研究都是集中於所謂的「外部監管」，也就是利用法律的文字與司法行動來限制ＡＩ的開發與應用，希望能具有系統透明性、可解釋性、可追究責任，以及確保數據來源的合法性或正確性等等。這些規範在歐盟、美國，甚至臺灣等地的科技部門都有相關的方式來提出。

這些規範無疑是重要且必要的，應該沒有太大的爭議。主要的關鍵是在於是否應該在ＡＩ模型的訓練或資料取得階段就要限制，還是說只要針對其後來應用的結果來確認不會造成危害，或是依照危害的影響層面來做不同的限制。前者可能會影響ＡＩ的發展與國家之間對ＡＩ技術的競爭（因為每個國家的限制一定不同），但後者則難以排除意外的誤用，就會出現究責不明的事情。畢竟所有ＡＩ都有內在的隨機性質，無法像機械工具那樣按照某種確定的規則來產生確定的結果。或者說，當ＡＩ的應用產生對人類的傷害時，有可能不是有任何人或任何部分有「錯誤」，只是其「正確運作」中某個機率有可能出現的樣態之一，無法完全排除。這部分已經有許多法律專家或社會學家在關注，如何從外部視角來審視ＡＩ的開發，以期望減少其帶來的風險和危機。

但是除了外部監管以外，還有另一個觀點是從內建倫理出發，可能會更接近哲學關懷的角度，即如何從ＡＩ的內部建立其行動倫理，也就是所謂的人工道德智慧

（artificial moral agents）。近年來，這方面的相關論文特別多，特別是在哲學界。但是從技術上來說雖然仍有一定的難度，卻也一定會是未來需要面對的問題。

事實上，最早開始思考這個問題的並非哲學家，而是小說家。眾所周知，艾西莫夫的機器人三定律就涉及到這個議題[6]。儘管機器人三定律仍然是小說，尚無法真正應用在現實中的ＡＩ上，但艾西莫夫已經提出，機器人或ＡＩ機器人的內建道德倫理判斷不再僅僅受到外部限制，而是在執行任務時就已經在其內在運作。

這個從外部監管到內建倫理的趨勢似乎是不可避免的。原因何在？因為目前ＡＩ的發展還是主要集中在弱ＡＩ，尚未實現真正的強ＡＩ。弱ＡＩ僅在特定限定範圍內工作，在某個範圍內可以達到高準確率，甚至超過人類的表現。然而，當涉及到強ＡＩ時，也就是通用型的ＡＩ，其特色在於其能夠跨足不同領域，具有通用性，甚至能與人類進行知識表達的溝通，通過圖靈測試[7]。未來還可能出現所謂的超級ＡＩ，它在各個方面都能超越人類，甚至具有某種程度的自我意識。

弱ＡＩ具有限定範圍，因此可以確定在這個範圍內應做什麼和不應做什麼，我們也可以知道在哪些情況下可以使用ＡＩ，以及在哪些情況下不能使用，所以只須明確的外部監管還算可行。然而，如果ＡＩ發展到強ＡＩ，它將跨足不同領域，讓ＡＩ自行判斷在何種情況下採取何種行動，而不是由人類告訴它該如何行動。在這個階段，ＡＩ將涉及更為嚴重的倫理問題，它就必然需要在內部建立倫理範疇。否則，我們將無法了解或預測它會根據什麼理由來做出決策。因此，在這種情況下，ＡＩ內部倫理建構幾乎是無可避免的。

雖然目前都認為這個「強ＡＩ」尚未出現，但是二〇二二年底由OpenAI公司所開發出的ChatGPT以及後續其他公司的類似產品，已經可以說在文字表達的層次，幾乎實現了強ＡＩ的特色❽，因為ChatGPT已經不是只是一般的對話機器人，還可以將用來訓練的資料作整合且通順的整理，再用人類的語言文字表達出來。其回答的範圍除了有明確答案的問題（雖不保證正確），還可以是開放式的問題，又或是編故事、寫詩詞、抓重點、問判決、草擬文案企劃、轉換表格或甚至寫程式debug等等，只要能透過文字表達的ChatGPT幾乎無所不能，也標示著ＡＩ新世代的來到。

雖然ChatGPT只是在文字或自然語言層次的強ＡＩ，還無法完全順暢的連接應像辨識或機器行動，當然更沒有自我意識或完全的自主意識。但是所造成的影響遠大於我們目前所能了解的。畢竟在目前的網路時代，即使真人之間的溝通也越來越少是實體的進行，而是透過各種通訊軟體以同步或非同步的方式進行。因此如果這個模型被應用在手機或電腦上，當然有可能可以與使用者流暢的對話或代為處理轉達使用者的意圖來操作其他機器或對話，那麼這樣的「代理」功能就會逐漸被人習慣，後來會被「當成」一個真實的人[9]。在這種情況下，問題不再僅限於ＡＩ能做什麼或不能做什麼，而是這個ＡＩ系統的確可能需要有內建倫理架構，減少（可能無法避免）在其自動回應方式中產生對使用者或人類的危害，卻難以究責或調整，因為這樣的系統不會只有「一個人」，而是同時有許許多多的版本在全世界各角落使用著，影響難以估計。

杜維明的《中庸》詮釋之概述

以上所討論的AI內建倫理與本文的主題，儒家經典之一的《中庸》，可能有相當的關係。事實上，《中庸》是四書中是最短的一篇，卻仍然與《論語》和《孟子》並駕齊驅，顯示出其重要價值，深入闡述了儒學的基本思想。就像朱子所說，他可以被視為孔門所傳授的心法⑩，是核心要義。

本文嘗試著從哈佛大學杜維明教授所著的《《中庸》洞見》的角度來探討⑪。這本書原作為英文，是嘗試用更為普及簡明的哲學或思想的語言來向西方人介紹《中庸》的現代意義。後來被翻譯成中文版，共有五章。

簡要來說，杜維明教授對《中庸》文本進行了簡要解釋，但是並未深入比較不同版本等問題。他提出了《中庸》中最核心的觀念是「君子」。他認為君子既是一個真實的個人，也是一個理想化的個人。君子會戒慎於自己所看不到的地方，恐懼於自己所聽不到的事物。他們會克己復禮以實現仁，也就是說，他們會認真學習、修道、修業，讓自己的言行符合天道。我們或許永遠無法成為聖人，但是我們都可以讓自己成為君子。

更具體來說，儒家認為人性的根源來自於天。雖然這種天並不等同於基督教中有位格的上帝，但它顯然更不同於唯物主義的自然定律。也正是因為儒家將人性追溯到超越物質世界的「天」，所以人性並不是理所當然的由物質界就能完全建構出來，而且人性需要透過不斷自我修道和外在的教化來實現其天命，即所謂「天命之謂性，率性之謂道，修道之謂教。」

但是人性是可能會偏離天命的，因此需要不斷的修養，才能更貼近最初由天所賦予的使命。所以對儒家來說，「君子」本身不是一種靜止狀態，更是一個過程，是一個需要有方法的修道過程。杜維明教授解釋，儒家對此所提出的方法論是「誠」，表示不論處於何種情況，都要謹守自己。這可以簡單理解為克己復禮，所謂：「誠者，天之道也，誠之者，人之道也，誠者，不勉而中，不思而得，從容中道。」這意思就是說：修道的方式是保持不偏不倚，不要讓自己過於鬆散，然後讓自己能夠在每一個行為思想上持續地體察自己的內心，以達到天人合一的境界。因此，這些觀點都強調個人性的實踐，將天命與君子個人的修道方法相結合。

接著，杜維明教授在這部著作的第三章討論了信賴社群。即君子不僅是一個獨立的個體，而是生活在家庭、社會、國家等社群之中，他的角色與所處的社群有關。隨後，在第四章中，談到了道德形上學，指出儒家思想可能不僅僅是一般倫理道德觀念，例如君君臣臣父父子子、什麼該做什麼不該做這種層次的，而是還包括形上學的層次，《中庸》在這個層次上的著墨明顯比其他儒家經典更值得探究。

進一步來說，杜教授認為儒家思想中，修道不僅僅是個人的過程，還包括孝順父母、效法先祖遺風遺德，並推展到整個社會，從而為社會建立一個在精神層面上共同的價值觀，並形成政治體系。這與西方基於基督宗教而強調的天賦人權，因而建立起以權力制衡為基礎的政治制度有所不同。

但是在《《中庸》洞見》的第二版中，杜維明教授新增了第五章，探討儒學的宗教性。主張儒學可能不僅僅停留在形上學層次，而是也具有某種宗教性質，儘管不同於西方的一神教脈絡之下的那種有神論。他也對儒家思想的超越性做出了更深入的闡釋，強調為什麼這種觀點對於發展儒學的現代性是非常重要的。筆者個人認為，這本著作相較於其他新儒家的作品，最重要的特色就是在道德形上學之上，往儒學的宗教性方面來突破，也因此對眾人所形成的社會價值，還是可以有一定的批判性，畢竟個人的天性與使命來自於天，所以信賴社群也需要回應上天，並非如西方現代社會崇尚的自由主義那樣，好像大部分人所普遍接受的事情就應該是正確的。

以元宇宙作AI強化式學習的虛擬社群

杜維明教授以新儒家的觀點來對《中庸》或儒學的現代性作的詮釋，又該如何回應前面AI內建倫理的需要呢？筆者認為有以下幾個可以連結的角度：

一、前述人工智慧技術發展的過程，即從弱AI到強AI（或許再到超級AI），從監管的角度來看，一定是從外部監管（也就是法律和制度層面），逐漸轉向內建倫理的層次。當超級AI出現時（但或許永遠不可能到達），它的內建倫理也很可能暗示著它具有某種自主意識。換句話說，它不僅僅執行倫理的「行為」，還能擁有自我意識，知道自己是誰，以及為何要執行這些行為。那時的問題就不只是倫理學的問題，更是認識論與形上學的領域，引入更高層次的道德與哲學挑戰。就此而言，儒學不再只限於倫理的範疇，而往刑上學或宗教性發展，可以在未來對AI內建倫理有更好的對話基礎。

二、從《中庸》起首的「天命之謂性，率性之謂道，修道之謂教」的中心思想來看，的確是由天命確定了人性的價值和基本尊嚴。因此如何使人性遵循這種性質，並實現應有的倫理行為，這就是「率性之謂道」的「率性」，而「道」也因此展現在某種形式的倫理規範上。因此至少在形式上與AI的訓練與發展有一定的相似性。更重要的是，儒家思想中強調個人道德不是獨立的，而是在一個信賴的社群（例如家庭、社會或國家）中實現的。因此，個人的道德觀並不應該是空洞的教條（如過往許多反儒者所認為的），而是在人與人互動之間所產生的價值實踐。所以這可以提醒我們，除了外部介入的監管技術或資訊工程的演算法以外，AI內建倫理也是需要一個「社群」來培養。

若用西方倫理學中的語言來描述，在實踐AI內建倫理的方式上面不僅僅有效益主義（可以說是極大化人類的利益），也不僅是自由主義（只要不犯錯傷害人，就可以盡量發展）。從《中庸》或儒家的人性觀來看，人性必須在一個環境裡（信賴社群）中透過學習與自我天性的啟發而成長，是從小到大受環境優良榜樣的影響而潛移默化的成長。這種「內化」的過程其實比較接近二十世紀末西方發展出的「社群主義」⑫。因此從儒家的角度來看，我們會更關注ＡＩ應該模擬誰？應該在什麼樣的文化環境中成長？是否融入群體？成為什麼樣子的人？是否符合創造它的「人意」？等等。畢竟如果強ＡＩ的目標是模擬人類，那麼它應該首先學習人類應該做的事情與相關的思考折衝，而不僅僅是追求一成不變的準確率或只要不傷害別人即可。

三、從技術面來說，未來ＡＩ的技術上一定會需要發展的是強化式學習（Reinforcement learning），這種方法可以在虛擬環境中學習如何解決問題，並建立內部參數結構。事實上，強化學習現在已經發展到一個地步，可以在虛擬環境中先學習到一定程度而可以應用在真實世界的某些問題上。二〇二二年底出現的ChatGPT也是利用強化式學習才能有目前的能力。此外DeepMind更早所開發的Gato⑬，也是可以在數百件不同的遊戲上展現強化式學習的通用效果。

但是未來如果要訓練一個具有內建倫理的強ＡＩ，這個強化式學習必然與真實的人類有互動並且從中學習倫理的原則。訓練ChatGPT的「人類反饋式強化學習」即為一例，但是目前這類的訓練方式還是針對特定的文字問題與特定的回答方式，並非「全人」式的典範或人格影響。未來一定還會需要把周圍情境納入，讓ＡＩ可以自行判斷在什麼情境下說出最適當的語言或做出最適當的行為，不再僅僅倚靠監督式學習的那種外部監管。要達到這個目標，最可能的情境就是應用在元宇宙（Metaverse）的環境中。

四、元宇宙在最近兩年的發展也非常受關注，其本質上是一種模擬人類環境的虛擬空間，讓真實的人類藉由感知器材（如ＶＲ或其他穿戴式裝置），虛擬的進入其中扮演某些角色，並且可以在身體感知方面（如視覺、聽覺、觸覺等）得到相對應的回饋，讓人彷彿身歷其境。不同於目前的ＡＩ都是應用在真實世界，所以很難廣泛有效的向人類學習（只能在某些特定的方式或語境上），畢竟人類真實的社會太過複雜。

但是當ＡＩ在這個虛擬環境中與真實人類互動，從ＡＩ內建倫理的角度來看，反而是另一種信賴社群的建立，相當於讓它在這個環境中與其他人類或ＡＩ互動學習，逐漸調整自己的內部參數，可能還會建立自己的倫理觀。

五、這種方法之所以不同於我們之前討論的ＡＩ應該做什麼和不應該做什麼，乃是因為ＡＩ被當成某種動物或孩子，與人類在元宇宙中的分身一起互動和學習，並理解人類如何應對各種情境。因此，這種方法建立的倫理觀和我們目前通過外部建立的價值觀不同，因為它是直接從一群人類開始學習的。當然，筆者也需要說明，要建立這樣能夠在元宇宙中結合視覺、聽覺、觸覺以及其他電子資訊的多模態ＡＩ，目前雖然已經有些雛形[14]，但要達到能順利與人互動可能還有相當的難度，但並非完全不可能。筆者個人相信以目前元宇宙與生成式ＡＩ的發展速度，有可能不到十年就讓這樣的雛形成為真實。

未來將顯現出的問題核心

即使我們可以設想出這種倚賴於儒家教育或修道的方法所訓練出來，具有內建倫理的ＡＩ機器人，也會引出一些之前可能沒有仔細思考過的問題。例如，在元宇宙中，誰將是教化ＡＩ的聖賢或社群？當然，我們無法將一位孔子或其他古代哲學家放入其中，所以誰將擔任這一角色呢？儒家的思維若在現實社會都有實踐的困難，是否在元宇宙的虛擬世界會比較容易？或是更加困難？若以目前網路社群的運作方式而言，這樣放任ＡＩ向社群玩家學習互動的結果，無疑會被教壞[15]，根本沒有任何倫理可言。也就是說，平凡如我們（或許連儒家的君子都還稱不上），內在的罪性或私慾恐怕必然的也會傳染到ＡＩ身上。但是如果我們不只要一些規條，還需要有好的榜樣，才能建立ＡＩ的內建倫理。那誰又會是這個儒家口中，可以在虛擬世界的「君子」或「聖賢」呢？

此外，如果用這種方法中產生的ＡＩ內建倫理，如果出了虛擬世界而真的應用在社會上，是否仍能符合我們人類自身的公共利益？我們是否應該同理地視之為一個正式的人？還是說它是否應該被賦予某種責任，可以為其失敗的結果受到懲罰或監禁之類的？像這類的問題，可能就需要留給哲學領域或心理領域的研究者投入相關研究。

以上筆者只是從ＡＩ技術的發展與儒家修道成聖的觀點作個結合與對照，試著拋磚引玉出可能的方式與問題。期望未來ＡＩ的發展中可以看到更多儒家或東方思想也能帶進某些重要的元素，豐富我們對未來ＡＩ世代的想像與預備。

儒家智慧與ＡＩ倫理的創新之路

在探索人工智慧（ＡＩ）與儒家思想的融合之路時，本文認為儒家的核心理念與培育ＡＩ的內建倫理有著重要的契合性。儒家強調「天命之謂性」，雖然人性本善但需要透過「修道」的過程來實現天賦的品德。這啟發未來資訊工程人員在設計AI系統時，應該要賦予其一定的道德意識和價值觀，使其行為符合人類社會的倫理準則，而非僅僅追求功能最大化。

儒家所倡導的「君子」理念，旨在培養一種理想的人格典範，追求內外統一與言行一致的境界。對於AI而言，這意味著除了外部監管機制外，更需要在系統內部植入相應的倫理機制，使其能自主判斷是非，主動約束自身行為。這種內建倫理的形成，需要一個類似儒家所說的「信賴社群」的環境，讓AI通過與人類的互動而內化相應的價值觀念。

元宇宙作為一個高度模擬現實社會的虛擬平台，或許正是孕育AI內建倫理的理想場景。在這個虛擬世界中，AI可以與現實人類的數位化分身進行各種情景模擬和社會實踐。在不斷調整和優化的過程中形成合乎人性的行為模式。當然，構建這樣一個元宇宙倫理訓練平台本身也面臨著諸多難題，例如如何營造典範性的文化環境？誰將扮演「君子」或「聖賢」的角色？ＡＩ在此環境中學習的倫理觀是否適用於現實世界（特別是如果儒家思想也面臨著類似的挑戰）等等，這些都有待我們未來在哲學、心理學、資工技術等領域作更深入的探討。

總結來說，本文將融合儒家思想與元宇宙技術為人工智慧系統注入內建倫理的思考面向，為我們描繪了一幅人機和諧共處的願景藍圖。隨著ＡＩ技術的不斷進步，社會也將面臨更多倫理挑戰，需要我們在哲學智慧和科技創新的交相呼應下，共同開拓一條可持續發展的路程。只有讓人工智慧系統內化人文關懷，我們才能真正安心踏上人機協作的新時代。

❶生成式AI是AI眾多演算法之一。以ChatGPT為例，是負責將輸入的文字資料轉換成另一些文字資料輸出，但後者的輸出可以是前者的對話、翻譯、查詢、延伸、歸納、摘要、解答等等各種不同的關係。而其他種的生成式AI可能以圖像轉圖像，或以文字與圖像之間互換，或其他更多如文字、影像、語音、影片、行動等等各種資料模態間的轉換生成。即使同樣功能的生成式AI也會因為訓練資料與模型設計的不同而有相當大的差異。

❷例如可參考：陳誌雄、楊哲銘與李崇僖，《人工智慧與相關法律議題》，元照出版，一版，二〇一九年九月。龍建宇與莊弘鈺，〈人工智慧於司法實務之可能運用與挑戰〉，《國立中正大學法學集刊》，六十二期，二〇一九年一月。

❸可參考以下報導：AI審判的時機來臨了，《中國時報》（2023/03/31）。引用網址：https://www.chinatimes.com/newspapers/20230331000467-260109?chdtv。

❹如美國著名的Loomis v. Wisconsin案，可參考Harvard Law Review, Vol. 130, pp. 1530 (March 2017)，網址：https://harvardlawreview.org/print/vol-130/state-v-loomis/（最後瀏覽日：二〇二三年十二月二十四日）。

❺可參考相關報導：因應AI發展風險 聯合國秘書長籲制定一致的全球策略，《聯合報》（2023/11/03）。引用網址：https://udn.com/news/story/6809/7549571。

❻可參見：Issac Asimov, Run Around, *I, Robot*, The Isaac Asimov Collection ed. (New York: Doubleday, 1950). ——編者註

❼圖靈測試（Turing test）是由英國電腦科學家艾倫・圖靈（Alan Turing）於一九五〇年提出的一個思想實驗。其主要目的在於評估機器是否能夠展現出與人類相當的智力水準。——編者註

❽王道維，〈當Google遇上ChatGPT——從語言理解的心理面向看AI對話機器人的影響〉，風傳媒

（2023/02/11）。引用網址：https://www.storm.mg/article/4725780?mode=whole（最後瀏覽日：二〇二三年五月十五日）。後來增補的版本亦可直接見於作者王道維的部落格原文：https://blog.udn.com/dawweiwang/178350327（最後瀏覽日：二〇二三年五月十五日）。

❾同前註。

❿參見：朱熹，〈中庸章句・序〉，《四書章句集注》，https://ctext.org/zh。——編者註

⓫參見：杜維明，《《中庸》洞見》，段德智譯（北京：人民出版社，2008）。——編者註

⓬可參考維基百科中對「社群主義」的說明與介紹：https://zh.wikipedia.org/zh-tw/%E7%A4%BE%E7%BE%A4%E4%B8%BB%E7%BE%A9。

⓭可參見：https://www.deepmind.com/publications/a-generalist-agent。——編者註

⓮多模態的AI可參考：AI新戰場開啟Google與OpenAI決戰多模態大語言模型，鉅亨網新聞中心（2023/09/19）。引用網址：https://news.cnyes.com/news/id/5328356。

⓯可參考：一天就下架！微軟人工智慧聊天機器人被鄉民「玩壞了」，風傳媒（2016/03/26）。引用網址：https://www.storm.mg/article/94021。

AI時代的來臨
與人之所以為人的反思

楊祖漢
國立中央大學哲學研究所

香港新亞研究所哲學碩士，現任中央大學哲研所榮譽教授、東吳大學劉光義中國哲學講座教授、香港新亞研究所榮譽教授、東方人文學術基金會董事。曾任鵝湖月刊社社長、主編，鵝湖學誌主編，中國文化大學哲學系教授，中央大學中文系特聘教授兼系主任與文學院院長、人文研究中心主任。主要著作《儒學與康德的道德哲學》、《中庸義理疏解》、《儒家的心學傳統》、《當代儒學思辨錄》、《從當代儒學觀點看韓國儒學的重要論爭》、《從當代儒學觀點看韓國儒學的重要論爭續編》、《楊祖漢新儒學論文精選集》及學術論文數十篇。

當前人工智慧（AI）的迅速發展對人類社會產生了深遠的影響，引發了許多關於技術與人類價值觀、工作方式以及生活意義的深刻思考。隨著人們對AI在工作中的應用越來越廣泛，許多傳統的工作也面臨被機器取代的風險，這對個人和整個社會的結構都帶來了巨大的挑戰。儒、道、佛三教的觀點，強調了科技發展與傳統智慧之間的平衡，人類應該從傳統智慧中汲取經驗和教訓，並將其與現代科技相結合，以實現人類的全面發展。

ＡＩ的潛力與人類勇氣

ＡＩ（人工智慧）不只是在政治方面影響現代人，也在經濟方面影響了人的現實生活。這些影響在很多地方幫助了人，改善了人的生活，如即使是生而盲的人，現在也可以透過ＡＩ的技術而對外界產生視覺的效果，這方面如果再進步，是能彌補人生的缺憾，這種效果當然是值得肯定的。如果我們有天生的殘疾、或有情緒上的不穩定，通過ＡＩ的設計，或戴上什麼工具或器具，就可以克服缺陷，穩定你的情緒，或增加你的身體或思維方面的能力，這不是很好嗎？

現在ＡＩ的發展在這方面的確有不斷的進步。人工智慧通過大量資料的掌握、運算，不斷地學習，對於人給出種種的幫助，去改善人在形體、心靈上的種種缺點，增加人的生命能力。所謂生命能力包括身、心、靈各方面，人的智慧、思想、推理能力與才幹、熱情、活力，都可以通過這些人工智慧的進步，而越來越能提供幫助，使人的能力更上一層樓，這樣ＡＩ就給出一個很好的遠景。這個地方也表現了人的一種可貴的本性，就是人願意不斷地開放研究、不設限，甚至可以讓一個自己設計的機器，將來超越了自己。從這個地方看，人的確可貴，這種不斷地往上超越的要求，是人類學術文化進步的動力。我們可以容許將來有一天，人工智慧超越人類的智慧，這是需要很大的勇氣的。

當然這種ＡＩ通過深度的學習而可能有超越人類的一天，人工智慧的研究一旦開始就停不下來，科學技術的發展一直帶領著人往前進，就好像往一個不能設限、有無限的可能處前進，這也是會讓人擔心的，因此需要預先的提防。人要勇敢的面對這種未來的情況，就是要面對人可以通過不斷地讓ＡＩ發展，通過可以不斷深化的「深度學習」，而產生一種人不能比擬的、有更高更大能力的存有。我們敢冒這個險嗎？我們人類面臨這個前景，且能夠面對，是需要勇氣的。我覺得現在人對ＡＩ的研究，讓ＡＩ不斷的發展，雖然有其危機，也顯示了人性的可貴。人願意有超越於人的ＡＩ的存在。然而一旦繼續這種研究，即持續朝著科學進步的前景不斷發展，科學將帶領人類前進，朝向一個沒有限制、沒有預設界限的未來。人類需要勇敢地面對這種情況，即通過不斷地研究、發明，和ＡＩ深度學習，創造出一個比原來的人類更有能力或更完美的存在。面對這個前景，人類是否能勇敢應對？這需要勇氣，也體現了人性的可貴之處。

ＡＩ的倫理與人類的價值觀

然而，我們不能過於樂觀，這裡的確有絕大的風險存在，而且我們也不能認為可以把什麼事情都交託給ＡＩ。尤其是學人文的、唸哲學的，尤其是研究中國哲學的人，對於這種情況，必須要作省思。人的現在或將來可能的情況是，好像事事都可以交給ＡＩ來做，本來是人運用它的自由意志、智慧的判斷來決定事情的，但現在ＡＩ

都可以來幫忙。這種對於人造就、決定的機械人，由於對大量資料的掌握、運算，通過「深度學習」，而不斷提高能力，甚至可能有自我意識的產生。

ＡＩ本來是不會處理倫理問題的，但通過深度的學習而如果有自我意識的產生，則是否ＡＩ不可能對倫理的問題給出判斷呢？那是不一定的。物當然沒有倫理的問題，機器人或ＡＩ的程式不會有人所感受到的倫理道德的問題。倫理的問題是價值判斷的問題，而如果ＡＩ能有價值判斷，便要進化到更高的層次，如剛才所說的，ＡＩ要有自我意識才可能，而這個情況，在現實上是還不能有，但最近的有關報導已經不能這樣把問題看死，有些關於ＡＩ對人的提問的回應，已經表現了它似乎有自我的意識，若真的如一研究報告指出，ＡＩ表示了對被關機的擔心或恐懼。那麼，我們就要思考ＡＩ在這個層面的發展會有什麼樣子的可能跟前景了，這已經不是把ＡＩ當作一個機器人、一個人工智慧來看，而是通過不斷對ＡＩ的培植，而讓ＡＩ有自覺的自我意識的產生，這樣人與ＡＩ的關係就不是人類主宰他的機械工具這種關係了。

ＡＩ的能力已經在某些地方超越了人，如在西洋棋與圍棋方面，人已經不能打敗ＡＩ了，當然此ＡＩ還是需要人輸入資料，然後做出決定，ＡＩ的效果終究離不開人。又因為ＡＩ沒有情緒的問題，它運算能力比較強，計算又不會出錯，於是很多工作由ＡＩ來做是勝過人的，這除了是ＡＩ將來會取代人類的許多工作外，人的自身的特性也因為ＡＩ的發展而被減弱，舉例來說，人之所以為人的特性是自由，這種自由尤其是從道德自律上說的。人自覺應該為了善而為善，換句話說，為善——即道德行為——必須是自願、自發而不是被動地去做的，但這種道德實踐也是人感覺到困難之所在，因為這種自發自律的自由，人自己往往無法發覺到並決定去實踐它。在這些地方或這個問題上，即倫理道德的問題，就交給ＡＩ來決定好了，我們不用提振我們的道德意識。克服感性欲望的牽制而為了義務而義務，這個本來就是人類的尊嚴所在，但因為其中的困難難以克服，人就因此放棄了，交給ＡＩ幫我們做判斷，這樣就損害了人的理性自主性。

以上是說明我認為的ＡＩ的發展會對於人之所以為人，人跟物不同的分界，而這分界會有被泯除掉的可能。這個意思等於在《易經》所說的「形而上者謂之道，形而下者謂之器」（《易・繫辭上傳》，第十二章）固然道不離器，器也表現了道，但是器還是器，道還是道，這個形上、形下的分界，是不能夠被泯除掉的。古人在這個地方的規定或區分是很嚴格的，雖然我們要道、器並重，但是道與器的區分還是必要的。

而這個不同於器的、形而上的「道」的意義，在中國哲學的儒、道、佛三教都是努力要守住的，這是守住人之所以為人，人不是物，不能把人當成物來看，不能夠用工具理性來看人。不能只從人為了實現什麼目的，所以會有什麼樣子的設計或運用什麼手段來完成來看人。不能認為凡人所做的，都是有他的目的，不能只通過自然的因果，這種因果的必然性，來思考人類所有的活動，以為人類所有的活動不外乎是受到因果原理的規定，如為了達成某個目的，於是設計通過什麼手段而達成他所要的結果。人不過是在這種可以為因果所決定的，也就是可以被設計、被擺布的情況下來過活。

如果我們這樣看人，運用這個觀念來研究ＡＩ，促進它的發展，那麼以後ＡＩ完全當道了，人完全要依賴ＡＩ的決定，它通過大量演算而給出來的判斷，取代了我們的判斷，那我們這個人生啊，就被必然的因果所決定了。若要說人一定是為了什麼目的，所以要做出什麼樣的行動，我們人生是為了什麼所以要做這個、做那個呢？答案大概會是為了我們的感性的形軀與欲望的要求，在這個觀點下設計的ＡＩ，或ＡＩ依照這個演算法，那麼我們人生就是通過ＡＩ的幫忙，而達到我們越來越享受，越來越能確定得到感性的生命、情感方面的滿足；或越來越要方便、簡易，越來越快速的達到目的。那是什麼目的呢？不外乎是人生幸福的獲得。人生只是要追求幸福而避免痛苦嗎？這個可以考慮一下。但是你如果是研究或設計ＡＩ的工程師，如果只從這種自然因果的思考方式下去推動或發展ＡＩ的研究，那將來人類如果依賴ＡＩ，會產生什麼嚴重的後果呢？這個是唸哲學的人，或是重視人文精神的人，不能夠避免的一個難題，也應該是擔憂之所在。

ＡＩ的資訊操控與倫理挑戰

ＡＩ的發展對於人心的影響，這不只是說ＡＩ會設計一套程序來操控人的思維、決定人的判斷，而是ＡＩ通過大量的數據、資料的掌握，而了解人的習性，於是順著人的習性，它可以順成你的喜好，從你的喜好處來加強，使你深陷其中，不能自拔。如你喜歡打球、喜歡游泳或喜歡看電影，ＡＩ會順著你的欲求、喜好而不斷提供你這方面的要求的滿足，它追蹤了我們通過打電腦、用手機等種種活動，通過追蹤我們的活動紀錄而掌握我們的習性，所謂「凡走過必留痕跡」，於是從這個方向，掌握了每一個人的活動、習慣、興趣或嗜好，甚至他的怪癖，然後提供能夠順人情之所好的資料。這樣不是一步一步的引誘人往追求幸福或甚至物欲的滿足的方向奔跑？又或者人本來欲望不強，而現在因為ＡＩ的觸發，形成了欲海難填的生命困境？

或者我舉一個現實的情況來說，我們的手機、電腦等往往會把一些人現實生命的欲求，如飲食男女等，不斷地提供出來，對於一個有自律或自持能力的人，是否會因為ＡＩ對人的現實生命的欲求不斷提供的刺激，而逐漸失去自律自持的能力？通過ＡＩ的運作，現在的手機、電腦等媒介，的確會不斷大量提供滿足人的形而下的要求的資料，它認為人就是喜歡這些。我有過這樣沉痛的感受，這不一定代表我個人的經驗：就是給設計ＡＩ的程式運用所設計！以為我們就只會過這種滿足形軀要求的生活，對於這種情況，我們實在應該抗議。比如我們看電腦或手機，常常有一些有關情色的消息、圖片提供出來，我不是一個道學家，但我也不認為我們人生只在這種層次中感到滿足。但是為什麼上述的情況會不斷地、甚至普遍地反覆出現呢？這種現象透露一種訊息，就是設計ＡＩ的人，認為人生不外乎追求這些，說的好聽就是追求幸福；講難聽一點就是不外乎滿足名利色權的追求。總之，它總是提供這些，以為人都是這樣，這就是從人生是因為實現目的所以要運用什麼手段來達成。

以這個層次來看人，人有這些欲求，我們都有這些欲望，如權力欲等，即好名好利、追求富貴與權力。可是，人不是只要滿足這些物欲的存在，因此我們要從事道德修養，使精神上達，我們儘量克己復禮，過有文明教化的生活，結果AI順著我們的現實人性，提供一些它認為我們會一定喜歡的，而且習以為常的東西給你，於是很容易使你泥足深陷、不能自拔。你雖然掉在這種泥足深陷、不能自拔的情況，但你往往不自覺，你以為這些滿足是你自己要的、人真正喜歡這個、我要追求這些，這個就是人生的意義。其實呢，我們是給AI擺布了，給AI的設計者所看扁了，AI利用了你的習性，利用人人都有的這種形而下的、形軀欲望的傾向，來使你一直順著這種要求而往前奔跑，要滿足一些你本來不是那麼想滿足的情況，它通過大量的提供或大量的給出暗示來誘導人，所以我看這個時代的年輕人所面對的，已經不是我們年輕時所面對的誘惑，情況不止是不一樣，還嚴重多了。我們現代的年輕人（可能不只是年輕人，年老的也不一定能穩得住）面對的是通過ＡＩ大數據設計提供的五花八門的資料，而且裡面的內容是無窮無盡的，不斷地觸動我們的感性欲望，要人滿足不斷增長的形軀欲求，如果是這樣，這個時代的年輕人不是很可憐嗎？

從這個角度來看，ＡＩ固然可以給出正面的、光明的前景，但它是侵入了我們要去作判斷的領域，從這個地方來影響我們的心靈，如果這些影響機制落入有心人手裡利用，這不是很可怕嗎？現在的輿論越來越可以通過人工來製造、操作、控制，這樣一來人能否保持清明的理性來判斷事情、分辨是非呢？

ＡＩ對人類心靈和工作的衝擊

目前設計ＡＩ的主要是兩大集團，美國和中國。它們都是由追求利潤的大財團主導，或者有政治目的要達成。於是這兩大集團給出來的東西、資料，給出來對人的誘導，就是要塑造你的意識形態、價值觀念，人的世界觀、人生觀、娛樂觀，都在自然而然中就被影響了，這不是很可怕嗎？人民都被操控了，我們就自然而然被這些精細的程式設計所設計，它非常能投其所好，而且是投每一個人特殊的性格之所好，於是人就越陷越深，而且越來越覺得這個是我自己的真正選擇，但其實是被設計的、被利用的，從而讓這些人得逞——不管是求利益的財團，或者是追求政治上權力鞏固的目的。

通過ＡＩ對我們的心靈作自然而然的、不容易察覺的影響。現在這個情況是，它不是只影響我們在某方面的偏好，如它的目的是要影響你在政治上的判斷，不只在政治方面影響你，而在人們的日常生活的各部分來影響，即它要影響你的心靈，透過了給出大量資料的掌握，來幫助你下判斷，甚至可以代替你下判斷。

而現在也可以看到這樣的情況，人腦在某些活動上已經比不過電腦，如下棋已經下不過ＡＩ，西洋棋的冠軍、圍棋公認的高手，韓國的、中國大陸的都輸掉了。我們看到中國大陸的柯潔，他在下圍棋輸給ＡＩ的時候，掩面痛哭，這不是他個人的失敗，而是人在這個活動上，人的心靈已經被機器超越了。這好像是人類的心靈已經不能夠靠自己才智超越機器了，只能加上ＡＩ的幫助，才能超越ＡＩ。這個人的發展已經不能單靠人類心靈的獨立能力，這個前景對於人的自尊與自主性是很大的衝擊。換言之，它通過對人類判斷能力造成的影響，使我們的心靈越來越依賴ＡＩ，我們要依賴它把資料、把數據通過大量的掌握與演算，逐步去取代我們的獨立思考能力，使我們不用通過艱難的反覆思慮，然後直接下判斷。我們都怕這種麻煩、艱難、困苦的思考過程，現在把這個過程都交給ＡＩ，利用它運作的結果來做判斷的參考，甚至我們讓它來做判斷，因為我們難免有情緒，難免有不穩定的因素影響我們的判斷，現在這些不穩定的因素就可以避免了，都交給ＡＩ，這樣不是更方便嗎？

然而，在這個過程中，人的這個參與感就沒有了，我們把大量的工作被ＡＩ取代了，我們不被工作所需要了。其實人在工作的過程中，並不是只有勞苦。在工作，甚至在勞苦裡頭，人才能發現他真實的存在，覺得自己被需要。如果有一天，如剛才講的，人一週或甚至一生大部分的時間都可以不做事，都閒暇度日，我們為了生活所需，只需要少數的人或少量的時間來工作就可以了，而工作所得如何計算呢？一點點的付出，怎麼值得充足無虞的生活所需呢？於是我們工作所付出的，與生活所需要的，顯然是不相稱的。由於AI取代了大量工人的工作，同時也養活那些整天不用做事的人，如果是這樣，多數的人或人一生大部分的時間，過的是如孟子所講的「逸居而無教，則近於禽獸」（《孟子．滕文公上》）的生活，大多數人沒有事情做，又由於沒有生活壓力，很難接受教化，並要求自己生命的進步，這就跟禽獸差不了多少，這不是值得鼓舞的。建議可以向運用AI來工作的公司行號加徵AI的稅，因為它取代了大量工人的工作，所以使用人工智慧的公司應該要繳更多的稅，來養活那些整天不用做事的人。所以免除了大量的工作與工作的勞苦之後，是不是可以創造我們生存的意義呢？或相反只會荒廢我們自己，過著沒有意義的生活，是值得深思的。

AI的決策穩定與人生意義

如果通過AI的這種設計，大量資料的演算給出的判斷排除了不穩定因素，讓我們的決定可以避免很多人為的錯誤，很多痛苦煩惱都可以避免。那麼，將來的人生，可以把現在這些我不斷地摸索、掙扎、努力，才可以克服自己的弱點，或發揮本有潛能的過程都被取消了，會不會是沒有煩惱了，就沒有所謂的智慧？「煩惱即菩提」❶應該是真理，於是沒有了煩惱，也就是沒有了菩提，沒有這些煩惱的衝擊。

我們生命中本有的智慧，是不是就沒有得到該有的發揮？這裡可以用目的論的眼光來看，人的生命所擁有的全部內容或材料，如人的情感、意識、推理的能力、道德感、宗教信仰、感性的欲望與欲求得不到滿足所造成的煩惱等等，都是我們生命中本有的，它們合起來就構造了我們這個現實存在，或正常的人生。在這裡頭，任何一種成分，任何一個元素，都是不可少的，如果少掉了，你這個人生就不健全了。因為按照目的論的觀點，我們這個人生所有存在的成分，都是有益於目的實現的工具或手段，而缺一不可。那麼現在你只求達到工作的目的，而盡量不要個人的情緒，要求不受情感的影響，這種省略有沒有不良的後果呢？本來因為有不穩定的可能，而要克服這個不穩定，於是努力給出個人恰當的判斷。如果現在困難都沒有了，不需要有這些克服困難的過程，那我們原本與生俱來、本來具備的、我們用來促進我們生命成長的、促進我們智慧發展的這些元素都成為多餘的了，你都不用煩惱痛苦了，不需要摸索的過程了，那麼這個人生，能不能達到他原初所具備的，藉以達到目的的能力的實現？於是在ＡＩ快速發展下的人生，可能就不符合大自然對人生的原初設計了。

這是ＡＩ時代的來臨應該有的反省，即反省人之所以為人的特性，以及人的存在的目的是什麼？人應該怎麼樣存在才是符合人的存在目的。好像現在ＡＩ的發展只往人是追求幸福的存在這一方向來發展，這是很有問題的，當然這是一種目的論的觀點，天地生人是否有一自然的或通過智性設計的目的，這也很難講，但人生不能只以追求幸福為目的，這應該是確定的。

科技與傳統智慧之間的道器並重

在這個地方我想再思考一下，回到剛才所提到的「道器論」中的區分。中國哲學的儒、道、佛三教（也可以包含西方基督教、康德等哲學理論），他們對於道器的區分，是不容許泯除的，正所謂：「形而上者謂之道，形而下者謂之器」，必須有這個區分。固然可以說道器並重，即有道而無器，有器而無道，都是不行的，道需要器來承載，器的價值在於表現道，所以應該是道不離器論或道器並重論。但這裡的分界是要分清楚的。

首先，儒、道、佛三教所強調的是不能把形而上者理解為或歸屬為形而下者。這個意思我舉個例來說明，剛才我們講的判斷力給AI所影響了，甚至取代了。就是用形而下者取代形而上者。所謂判斷力，可以用《論語》上所說的「智」來說明。當樊遲問孔子，什麼是仁，孔子說愛人（《論語・顏淵》），這個答案很平易。樊遲再問，那什麼叫做智呢，孔子說是知人。這個答案太直接簡單了，於是樊遲說「不達」，也就是不懂，孔子就再說「舉直錯諸枉，可使枉者直」，這個話樊遲還是不懂，於是請教子夏，子夏說此話涵義十分豐富，便解釋了一下，你推薦了恰當的人來任官，於是不恰當的人就會遠離；而這樣推薦恰當的人而把不恰當的人放在一旁，結果可以使不恰當的人努力發憤而成為人才，這就是所謂舉直錯諸枉，可使枉者直。你推薦恰當的人選，讓那些沒有資格被推薦的人曉得反省、慚愧。所以你不推薦那些不夠資格的人，好像傷害他，好像不愛他，其實是讓他往前進，提升他自己，這才是真正的愛人之道。

真正的愛人要通過曲折地，甚至是弔詭地運用「智」，才能真正愛人。這「智」就是判斷力，就是岳飛講的「運用之妙，存乎一心」❷，沒有一定的規則可循，這個地方好像有陰陽不測之神。故儒家哲學千方百計要點出來的，就是人有這種「向上之幾」。人要從如何成全他這個往上發展，求自我進步的這個向上之幾來著眼，要維持得住這點，你雖然表面對他不好，其實是刺激他向上。這個就不是一個自然的因果性、一般的因果設計所能想到的東西。

儒家講的「發憤忘食，樂以忘憂」、「不憤不啟，不悱不發」都是這種心情。人對於生命的維持，不能沒有這種自發向上的精神。孔子的教訓都會歸在這一點上。在道家講生命的自然而然，逍遙而無待，這自然也不是一般所講的自然的因果之自然（nature），而是心境上自由自在的自然。在佛教講的空，證空的般若智，指的就是智慧，般若即是智慧，智慧是什麼呢？需要通過辯證式的思考才能夠體會，如你說有，他就說無；你說無，他就說亦有亦無；你說亦有亦無，他說非有非無。凡有所作、有所思議皆是虛妄，凡有你個人的想法、概念的思考，就一定有偏見或成見，於是需要重重超越，這樣才能表現智慧。你如果從這種凡有所作都是虛妄，凡有想法都難免於偏見這個層次，作超越而辯破之，就是證空，沒有任何存在的東西是一定有自性的，沒有任何世俗的見解是可以讓我們生命安穩的。隨時都要證空，這個空的智慧就好像是四面銅牆都給火燒得通紅，你四面都不能碰，你碰一下都不行，這就是般若，你稍微覺得自己有什麼了不起，都不是智慧。

這樣看儒、道、佛三教的智慧是有共通點的，人永遠都不能用物質的原理、自然的因果性來衡量這一層面的所謂智慧，這就是所謂道。當然這個道可以或必須不離器，即智慧不能沒有實際表現的地方，這就需要科學或科技，但器的發展要用於人類價值的實現，即科學或科技要為人所善用，這才是道器要並重。

最後，如果上述不錯，即道器必須區分，又必須關聯在一起，可不可能有一種把這個形而上的道（儒道佛或基督教或西方哲學要維持的人的尊嚴、人的不能物化的那一點），貫通到器的中介物的存在，這個中介一方面通於形而上的道，另一方面又通於形而下的器，兩者可以用它來做溝通的中介。如果有這種中介的模式或符徵存在，就可以讓ＡＩ的發展從形而下通於形而上，既可以把無形的道作為學習的對象，又可以使形而下的器有往上提升的可能。

中國的《易經》六十四卦的卦象，好像可以充當這一任務，即卦象一方面是精神的表現，另一方面又有跡可循。如果從這個方向來思考，ＡＩ的工程師就可以創作一套符號系統，讓人在使用ＡＩ時可以通過形而下而達於形而上，這樣藉著ＡＩ的幫助，人就可以往智慧這一層面而不斷學習。而人在形而下的器的世界中的利用，也可以不沉迷在感性的滿足中。我猜想ＡＩ的發展可以朝向道器之間，或如何貫通道器而努力。

人工智慧帶來的人文新展望

人工智慧對人類心靈和工作的衝擊是當今社會普遍關注的議題。這個話題觸及到人類的價值觀、個人身分認同以及社會結構等多個層面。首先，我們需要正視的是，人工智慧的發展已經開始改變人們的生活方式和價值取向。

文章中提到，AI的設計者主要來自美國和中國，他們的目標通常是追求利潤或政治目的，而這樣的設計往往會影響到人們的意識形態和價值觀念。透過大量的數據和算法，AI不僅可以精準地滿足人們的需求，還可以塑造人們的觀念和價值取向。這種資訊操控的機制可能會對個人的自主性和思考能力產生負面影響。

人工智慧的進步也對人類工作方式產生了深遠的影響。隨著AI技術的不斷發展，許多傳統的工作崗位可能會被機器人所取代。這不僅會導致失業率的上升，還可能引發社會不穩定和不平等。例如，製造業中的自動化生產線已經取代了許多工人的工作，這對於那些依靠體力勞動維持生計的人們來說是一個嚴峻的挑戰。同時，AI技術的普及也將改變人們的工作方式和生活節奏。例如，許多行業已經開始使用智能機器人和自動化系統來完成重複性的任務，這樣一來，好處是人們將有更多的時間來從事創造性的工作或追求個人興趣；壞處是使許多跟不上AI的進步而造成必須做工作上的轉型的人，覺得自己不被需要，成為邊緣的、多餘的存在。

此外，人工智慧的快速發展也對人類心靈和思想世界帶來了深刻的影響。以下棋為例，人類的頂尖棋手已經無法擊敗AI程序，這引發了對人類智慧和創造力的質疑。在這種情況下，人們可能會感到自己的價值受到了挑戰，甚至產生自卑和失落感。同時，AI技術的普及也可能會對人們的思考方式產生影響。例如，當人們習慣依靠智能助手和算法來做出決策時，他們的獨立思考能力可能會逐漸退化，這對於社會的發展和進步是不利的。

未來，我們需要重視人工智慧對人類社會的影響，並積極探索應對之策。首先，我們需要加強對ＡＩ技術的監管和管理，防止其被濫用或操縱。同時，我們還需要投資於人本身的智慧的研究和發展，以提高人類對抗機器人的能力。此外，我們還應該加強教育和培訓，提高人們的科技素養和獨立思考能力，以應對未來社會的變革和挑戰。最重要的是，我們應該保持開放的態度，積極探索人工智慧和人類社會的融合之路，以實現人與機器之間的和諧共生。

在ＡＩ時代這樣的處境中，本文主張可從儒、道、佛三教以及西方哲學的智慧中來反思人的價值意義。如道與器的區分、以及道與器之間的平衡和互相關聯，如同《論語》中所展示的仁與知的融合的智慧在人性發展的重要性；又可以參考或融入《易經》六十四卦的卦象作為一種可以從形而下到形而上的中介符號，即是說以這些卦象符號來提示人們，如何超越單純的物質原理和感官認知，來體悟形而上的智慧。通過將道和器貫通，人工智慧的發展不僅僅局限於形而下的層面，還能包含形而上的智慧，並幫助人們學習而提升人生的境界，而避免於只沉迷於感性的滿足中。

❶參見：《法華藏》四念處，卷第四，二九五～三〇三。網址：ttps://etext.fgs.org.tw/Search_01_View.aspx?id=230182。

❷參見：《宋史・卷三六五・岳飛傳》。

編後語

本書出版獲教育部計畫經費補助，書籍編輯工作得到許多熱心人士幫助，從論壇活動的原初規劃到順利舉行，直至成書。在此，特別感謝教務處與中央大學出版中心的全力支持，以及中央大學哲學研究所林雅萱行政專員，中央大學出版中心王怡靜高級專員，天文研究所「臺灣科學特殊人才提升計畫」的彭莉雅、陳麗君、邱怡菁、陳佩欣、王又津及王俊淇同仁，哲學研究所博士班的范乃權和王建文同學。感謝他們的任勞任怨和通力合作，完成本書的內容編排。

篇章排序依八篇論文安排成如科技界與人文界體系對話般的格局，首先是科技界的主題演講，接著對應以人文界乃至跨界的主題演講，交互進行。書末收錄英文摘要，供國際學者參考，使本書兼具學術專業性及科普價值，願其在讀者心中激起共鳴，從現在到未來，期望激發更多關於人文與ＡＩ未來的思考與討論。

How Should We Address the Impact of Artificial Intelligence?

我們該如何面對人工智慧的衝擊？

Mu-Chun Su 蘇木春

This study examines the use of artificial intelligence (AI) in healthcare and military technology, along with the challenges they pose and strategies to overcome them. In healthcare, AI is crucial for accurate diagnoses and treatment recommendations, yet achieving a balance between accuracy and interpretability remains challenging. The paper emphasizes the importance of AI models having both high accuracy and interpretability to foster trust in medical recommendations. Ethical concerns in healthcare AI, such as privacy protection and transparency in decision-making, warrant further discussion and regulation. In military technology, AI enhances combat efficiency, but the development of AI weapons raises concerns about unmanned warfare and accessibility. The study underscores the need for ethical standards and international cooperation to guide AI weapon development. Furthermore, the study addresses challenges in AI interpretability, generalization, and ethics, advocating for technological innovation and interdisciplinary collaboration to advance AI responsibly. Overall, concerted efforts are needed to ensure sustainable AI development for the benefit of society.

The Contest Between Artificial Intelligence and Natural Intelligence

人工智慧與自然智慧的博弈

Jeu-Jeng Yuann 苑舉正

This paper refers to the discrepancy and development between the artificial intelligence and the natural intelligence. With the improvements of science and technology, the artificial intelligence has the objective of replacing the natural intelligence one fine day. Frankly speaking, in this commercial and industrial society this objective is preferred by many. In order to realize this objective, three conditions (Emphasizing exteriority, instrumental rationality, and ignoring dignity) need to be fulfilled. If they could be completed, then the artificial intelligence is likely to be invincible. However, for philosophers, the completion of these three conditions equals to the end of human dignity. We must defend the human dignity. By referring to Augustin's idea, it is exposed here that the cognitive capability of mind is the source of dignity. Therefore, if we prefer artificial intelligence to our mind, then this is to put the cart before the horse. For this reason, we are confident to say the mind has a basic position of developing knowledge and the advancement of the artificial intelligence always needs the mind in order to make improvement possible.

Could AI Be Hacked? Reflecting on the Importance of Trustworthy AI

AI也有可能被駭？反思可信任AI之重要性

Yung-Hui Li 栗永徽

In this study, we examine security challenges encountered by Artificial Intelligence (AI) models, with a focus on evasion attacks, backdoor attacks, and adversarial attacks. Evasion attacks aim to obscure targets originally identifiable by AI models by introducing special patterns or noise. Backdoor attacks utilize abnormal data implanted during training to manipulate the model under specific circumstances. Adversarial attacks involve adding minute noise to induce misclassification, showcasing the necessity of the requirement of model robustness. The training process of AI models requires huge amount of annotated data, against which the model continually adjusts for accurate classification. However, attackers can exploit this process by injecting anomalous data into the training set, influencing the model's learning. Two common attack methods were also discussed: white-box attacks and black-box attacks. In white-box attacks, assailants have complete model information and define expected outputs for each image to influence judgment. Black-box attacks, conducted without internal model access, impact real-life scenarios like modifying billboards to affect self-driving car decisions. While international standards guide AI technology development to address security issues, Taiwan has not adequately addressed AI security concerns, which may become crucial with AI technology proliferation. Hon Hai Research Institute (HHRI) particularly focuses on AI security, proposing PCR testing to safeguard AI model confidentiality, privacy, and robustness. Strengthening measures in confidentiality, privacy, fairness, and explainability at the technical level are necessary for establishing trustworthy AI systems.

The AI Revolution and the Paradigm Shift in Legal Systems

人工智慧革命與法制典範轉型

Chung-Hsi Lee 李崇僖

Artificial intelligence (AI) advancements are transforming legal frameworks across sectors like the economy, society, military, and national security. As AI becomes integral to modern warfare, its role in global competitiveness grows. Law plays a crucial role in addressing technological advancements and their societal impacts. Updating patent laws to recognize new technologies is essential, as is continually adapting legal standards to match evolving technologies and values. The rapid spread of technology brings risks, especially in fields like medical equipment, necessitating proactive regulations to ensure safety and effectiveness. The intelligent revolution introduces legal and economic challenges, such as the need for robot taxes to offset lost revenues from automation and universal basic income to support those affected by job displacement. These require policies that reflect changes in socio-economic structures. Historical precedents show how technology shifts, like the industrial and electrical revolutions, advanced personal freedoms and social welfare. Similarly, the AI revolution demands a reassessment of societal values and legal structures to address emerging challenges. It's vital to develop concrete legal solutions to adapt to the dynamic relationship between technology and society.

Human-Centered Sustainable Education

以人為本的永續教育

Stephen J. H. Yang 楊鎮華

This paper delves into the significance of global education, its evolution, and challenges across diverse dimensions. Initially, the author presents six perspectives to scrutinize global education: global curriculum, academic excellence, quality indicators, global influence, return on investment, and continuous development and reflection. In terms of the global curriculum, emphasis is placed on the importance of open courses, advocating for free English courses and international collaboration. Concerning academic excellence, the focus is on the significance of international collaborative research and high-quality publications. With respect to quality indicators, there is an advocacy for prioritizing student learning outcomes, surpassing traditional teacher and curriculum evaluations. Regarding global influence, the emphasis lies in nurturing influential research scholars. In addressing return on investment, the proposition is to define it from various aspects such as education, society, and technology, while centering on human needs and values. Finally, the paper discusses the importance of continuous development and reflection, advocating for lifelong learning and personal growth, and viewing artificial intelligence and sustainability from a humanistic perspective.

From Human-AI master-slave dialectic to X.A.I.

從人類與AI的主奴辯證到X.A.I.

Chung-I Lin 林從一

Concurrently, human still possess a deep understanding of social contexts and value systems, enabling them to play a crucial checking and tuning role in AI's input and output to prevent distortion, misuse and misinterpretation of AI judgments. However, solely relying on experts' involvement cannot resolve the dilemma of "trust in AI" and "surrendering decision-making authority", labeled as "Human-AI master-slave dialectic." In addressing the dilemma, this paper explores the concept of Explainable AI (X.A.I.), aiming to elucidate the rationale behind AI decision-making by "opening" the black box of AI, which represents the key feature of AI's almighty power. The research strategy of X.A.I. involves integrating human representing systems with AI representing system to construct humanly understandable cognitive systems. By enabling AI to learn human semantic data, it can explicate its decisions and processes in human terms. The establishment of an AI imbued with an inherent human perspective, fostering AI as a collaborative rational and communication partner of human beings. Such AI not only comprehends fineness of humanity, but also collaborates with humans in actions, ultimately engendering a new ethical environment and fostering genuine communication and collaboration between human and AI. In a clear sense, such AI should acquire human status, and then the concerns regarding AI replacing humans would truly cease.

AI Ethics through the Human Nature Perspective of The Doctrine of the Mean

從《中庸》的人性觀來看人工智慧倫理學的建構

Daw-Wei Wang 王道維

This essay explores the integration of Confucian thought with artificial intelligence (AI) technology, proposing the metaverse as a virtual community platform for the reinforcement learning in AI. The author first elucidates the potential risks of applying AI in the judicial domain, such as biases or implicit discrimination in training data, necessitating external regulatory mechanisms. However, with the emergence of generalized AI systems like ChatGPT, inherent ethics becomes increasingly crucial, or even inevitable. After briefly introducing Weiming Tu's interpretation of the "Doctrine of the Mean", which emphasizes the concepts of the "superior person" (junzi), "tian ming zhi wei xing" (nature is decreed by Heaven), "xiu dao wei zhi jiao" (cultivating the Way through education), and the "community of trust," the author finds certain alignments between Confucianism and inherent ethics of AI. Confucianism emphasizes that morality is not isolated but learned and practiced within a "community of trust," inspiring the idea of AI interacting with humans in a metaverse environment to internalize ethical values. This approach embodies the spirit of communitarianism, raising thought-provoking questions about the cultural environment in which AI should develop and the exemplars it should emulate. The author suggests that an early integration of Confucian thought and metaverse technology for training AI could better facilitate harmonious environment where human and robot coexist, and then could promote social development and cultural transmission in the forthcoming AI era.

The Advent of the AI Era and Reflections on What It Means to Be Human

AI時代的來臨與人之所以為人的反思

Cho-Hon Yang 楊祖漢

The rapid advancement of Artificial Intelligence (AI) has significantly impacted human society, prompting reflection on the fusion of technology with human values, work dynamics, and life's essence. The AI victory over top chess players, as exemplified by Chinese Go player Ke Jie's emotional reaction to AlphaGo's defeat, signifies not only personal loss but also the moment when machines surpassed human intellect, leading to deep introspection on human capabilities. With AI becoming increasingly prevalent across various industries, traditional occupations face the threat of automation, posing challenges to individuals and societal structures. For example, the introduction of robots in manufacturing not only endangers jobs but also reshapes employment patterns. This highlights the influence of technological advancement on human values and societal frameworks, sparking contemplation on future work models and lifestyles. In this context, the author advocates for insights from Confucianism, Taoism, and Buddhism, emphasizing the balance between technological progress and traditional wisdom. Incorporating traditional values with modern technology is essential for holistic human development. Confucian principles, focusing on personal growth and social responsibilities, can complement contemporary technology, while Taoism's concept of nature and Buddhism's emptiness principle provide spiritual guidance amidst change. This integrated approach facilitates equilibrium amid technological advancement, fostering harmonious progress for individuals and society. The paper examines AI's impact on human life and suggests reflections on achieving balance in technological progress, representing a profound analysis of the current technological landscape and a significant discussion on the future direction of human development.

國家圖書館出版品預行編目（CIP）資料

人本AI的東方觀點 / 陸敬忠主編. -- 初版. -- 桃園市：國立中央大學出版中心；臺北市：遠流出版事業股份有限公司, 2024.07
面；　公分
ISBN 978-986-5659-58-5（平裝）

1. CST: 人工智慧 2. CST: 社會變遷 3. CST: 未來社會 4. CST: 文集

541.4907　　113008900

人本AI的東方觀點

主　　編——陸敬忠
執行編輯——王怡靜

出版單位——國立中央大學出版中心
桃園市中壢區中大路300號

遠流出版事業股份有限公司
台北市中山北路一段11號13樓

展售處／發行單位——遠流出版事業股份有限公司
地址——台北市中山北路一段11號13樓
電話——(02) 25710297　　傳真——(02) 25710197
劃撥帳號——0189456-1

著作權顧問——蕭雄淋律師
2024年7月 初版一刷
售價——新台幣400元
如有缺頁或破損，請寄回更換

ISBN 978-986-5659-58-5（平裝）
GPN 1011300839
遠流博識網 http://www.ylib.com　E-mail: ylib@ylib.com